LINGUISTIC SURVEYS OF AFRICA

Volume 13

LA LANGUE BERBÈRE

LA LANGUE BERBÈRE
Handbook of African Languages Part 1

ANDRÉ BASSET

LONDON AND NEW YORK

First published in 1952 by Dawsons of Pall Mall

This edition first published in 2018
by Routledge
2 Park Square, Milton Park, Abingdon, Oxon OX14 4RN

and by Routledge
711 Third Avenue, New York, NY 10017

Routledge is an imprint of the Taylor & Francis Group, an informa business

© 1952 International African Institute

All rights reserved. No part of this book may be reprinted or reproduced or utilised in any form or by any electronic, mechanical, or other means, now known or hereafter invented, including photocopying and recording, or in any information storage or retrieval system, without permission in writing from the publishers.

Trademark notice: Product or corporate names may be trademarks or registered trademarks, and are used only for identification and explanation without intent to infringe.

British Library Cataloguing in Publication Data
A catalogue record for this book is available from the British Library

ISBN: 978-1-138-08975-4 (Set)
ISBN: 978-1-315-10381-5 (Set) (ebk)
ISBN: 978-1-138-09623-3 (Volume 13) (hbk)
ISBN: 978-1-138-09639-4 (Volume 13) (pbk)
ISBN: 978-1-315-10537-6 (Volume 13) (ebk)

Publisher's Note
The publisher has gone to great lengths to ensure the quality of this reprint but points out that some imperfections in the original copies may be apparent.

Disclaimer
The publisher has made every effort to trace copyright holders and would welcome correspondence from those they have been unable to trace.

Due to modern production methods, it has not been possible to reproduce the fold-out maps within the book. Please visit www.routledge.com to view them.

La Langue Berbère

By

ANDRÉ BASSET

Published for
INTERNATIONAL AFRICAN INSTITUTE
by
DAWSONS OF PALL MALL
LONDON
1969

This study, which forms part of the Handbook of African Languages, has been prepared and published with the aid of grants from the French Government and from the British Colonial Development and Welfare Fund

*First published for the
International African Institute* 1952
Reprinted 1969
*Dawsons of Pall Mall
16 Pall Mall, London, S.W.*1.
SBN: 7129 0363 1

Reprinted by Photo-Lithography by Warren and Son Ltd., Winchester.

FOREWORD

HANDBOOK OF AFRICAN LANGUAGES

THE International African Institute has been engaged for some years past on the preparation of a Handbook of African Languages, for which it has received financial assistance from the British Government (Colonial Development and Welfare Fund) and the French Government. This task has been undertaken in the belief that a systematic presentation of existing knowledge relating to the languages of Africa would be of material value, not only to linguistic specialists and students, but also to administrators, educationists, missionaries, and others concerned with practical tasks in Africa. A secondary aim has been to indicate the need for and stimulate the undertaking of further study by revealing gaps and inadequacies in existing information. The basic scheme for the Handbook envisaged a general survey of the linguistic situation in Africa to be published in four volumes, of which the present work is the first. Other volumes, which are now in preparation and nearing completion, will be concerned with the languages of West Africa, of North-eastern Africa, and of Southern Africa. Each of these volumes will show, for the groups of languages with which it deals, the structural characteristics of the languages and their interrelations as far as these are known; the distribution of the individual languages and the numbers speaking them; their use as literary and educational media and as *linguae francae*; a bibliography and maps will be included.

Some preliminary studies have already appeared (see back cover) and special studies of certain languages or groups of languages will follow to supplement the general survey.

In organizing the work on the Handbook the Institute has been greatly assisted by its Linguistic Advisory Committee, of which Professor Ida Ward was Chairman till her death. The initial stages of the work owed very much to her expert knowledge and to her enthusiastic interest.

While every effort has been made, by consulting expert opinion, by seeking information from workers in the field, and by scrutinizing available published and unpublished material, to present as complete and accurate a picture as possible, it is obvious that much work remains to be done in the vast field of African linguistic study. The authors and editors of the Handbook will therefore welcome comment and criticism from any who are able to supplement or correct the material presented in this and subsequent publications.

The Institute desires to express its grateful thanks to the British Colonial Office and the French Government for enabling this work to be undertaken, to the linguistic experts who have directed the work, and to all those who have so generously contributed material and answered inquiries.

DARYLL FORDE
Director

AVERTISSEMENT

Pour maintes raisons il n'était guère aisé actuellement de faire une description de la langue berbère qui fût harmonieuse et maintînt un juste équilibre entre les faits généraux et les variations dialectales. Il ne nous paraissait guère possible non plus, sans fausser constamment les perspectives, d'en scinder l'analyse en compartiments régionaux, comme on l'a cependant déjà fait. De là la formule que nous avons cru devoir adopter. Si elle a l'inconvénient, pour ceux qui ne sont pas berbérisants, d'envisager sans cesse des problèmes sans exposé et illustrations préalables suffisants des faits, il sera aisé d'y remédier en en accompagnant la lecture de celle d'une monographie locale. A cet effet, la plus récente et la plus proche par l'esprit est constituée par les *Eléments de grammaire berbère* (*Kabylie, Irjen*) de André Basset et André Picard, Alger, Typo-litho, 1948.

S'il m'était permis, en terminant, d'exprimer un regret, c'est d'avoir dû rédiger ces pages, sans équivalent à l'heure actuelle, plus vite qu'il n'aurait fallu et que je ne l'aurais voulu.

Paris, le 25 avril 1950   A. B.

TABLE DES MATIÈRES

FOREWORD	iii
AVERTISSEMENT	v
INTRODUCTION	1
I. PHONÉTIQUE	5
II. MORPHOLOGIE ET SYNTAXE	11
Le verbe	12
Le nom	23
Les noms de nombre	28
Le pronom personnel	29
Le démonstratif	34
Les particules verbales:	36
Les particules de rection	36
Les particules d'aoriste et d'aoriste intensif	36
Les particules négatives	37
La particule de proposition nominale	38
Les prépositions	38
Les conjonctions de coordination	40
Les conjonctions de subordination et la syntaxe propositionnelle	40
Les adverbes et les locutions adverbiales	41
Le degré	42
III. LE VOCABULAIRE	43
IV. L'ÉCRITURE	46
V. LIBYQUE, GUANCHE ET CHAMITO-SÉMITIQUE	47
CROQUIS ET COMMENTAIRE	49
BIBLIOGRAPHIE	57

INTRODUCTION

Les travaux sur la langue berbère ne manquent pas et se poursuivent avec une lente régularité. Mais il en est, suivant les lieux, d'anciens non encore renouvelés et de récents. Il en est qui nous apportent une documentation des plus réduites, il en est de déjà conséquents. Il en est d'amateurs maladroits, d'autres de professionnels éprouvés. Il en est de méthodiques ou non. Mais surtout celui-ci nous offre une description grammaticale sans textes, ou presque, et sans glossaire, celui-là un glossaire français-berbère ou berbère-français — rarement les deux — sans texte ni grammaire, celui-là enfin des textes soit avec un glossaire qui ne répond pas aux textes et qui a été recueilli indépendamment, soit même sans glossaire ni grammaire. Si bien que d'un parler à l'autre notre documentation est rarement directement comparable, si bien que, si nous sommes déjà en présence d'une documentation déjà considérable, celle-ci nous est en quelque sorte livrée en vrac et que la moindre recherche qui se veut exhaustive dans ce vaste fatras exige trois mois effectifs de travail. Naturellement, dans cet effort qui exige une attention soutenue, on a une défaillance au moment où il ne le faudrait point et on laisse échapper des notations importantes. Bref les matériaux déjà recueillis sont d'un maniement délicat et nous avons l'attestation de bien des faits que nous croyons ignorer et que pratiquement nous ignorons, faute d'une mise en ordre et d'un travail d'analyse indispensable.

Ce travail d'analyse des matériaux déjà publiés, je l'ai commencé dès le début de ma carrière; ma *Langue berbère, le verbe, étude de thèmes* (Paris, 1929) est un produit de cette élaboration. J'ai pu lui donner une impulsion nouvelle grâce au concours qui m'a été fourni pendant de trop brèves années par les chantiers de travailleurs intellectuels et qui, plus limitativement, m'a été continué par le Centre National de la Recherche Scientifique. J'ai pu ainsi amorcer à l'École Nationale des Langues Orientales vivantes un fichier de toute notre documentation berbère: un certain nombre d'ouvrages se trouve ainsi déjà dépouillé, chaque année apporte son tribut à l'œuvre totale, tribut immédiatement utilisable au fur et à mesure, procurant chaque fois de nouvelles facilités partielles de travail.

Quelle que soit l'importance des matériaux déjà recueillis, c'est peu de chose à côté de ce qui reste à recueillir. Il ne s'agit pas en effet d'une langue de civilisation, sensiblement une de bout en bout du domaine, pour laquelle il suffirait de faire un unique bon sondage en profondeur en un point quelconque. Ce n'est même pas, comme on le croit trop généralement, une langue divisée en quelques dialectes, dont quelques études judicieusement réparties permettraient encore aisément de faire le tour. C'est éminemment un ensemble de langues locales, moyen d'expression de groupes sociaux très limités, de quelques milliers, voire même de quelques centaines d'individus, avant tout pour leur usage interne, accessoirement pour leurs relations de groupe à groupe en voisinage immédiat, exceptionnellement à grande distance. Il en résulte que cette langue s'éparpille directement ou à peu près en une poussière de parlers, de 4 à 5 mille peut-être pour quelques cinq millions d'individus. Or c'est à peine si nous disposons d'une étude profonde, celle du P. de Foucauld pour les Touaregs de l'Ahaggar, d'une dizaine d'études poussées et d'une cinquantaine d'études plus ou moins embryonnaires, pour ne pas tenir compte ici de mes propres enquêtes de géographie linguistique qui, elles, ont actuellement touché quelque 1.400 points, mais le plus souvent pour un vocabulaire très limité de cent à deux cents mots concernant le corps humain et les animaux domestiques.

Il en résulte qu'à l'heure actuelle nos généralisations sont toujours soumises à un sérieux aléa. Néanmoins si chaque fait a pratiquement son aire autonome, en général chacun des faits a une aire d'une suffisante homogénéité et d'une suffisante étendue pour que nous puissions, avec beaucoup de probabilité, extrapoler et, pour chaque fait, pris isolément, nous dispenser, avec le même degré de probabilité, de réunir les 4.000 ou 5.000 notations théoriquement nécessaires. D'autre part, par un paradoxe apparent, aisément compréhensible au demeurant, tout éparpillée qu'elle soit en parlers — conséquence de l'extrême prédominance de la vie locale — cette langue, expression d'une société à l'évolution des plus lentes, garde une large part de faits communs à l'ensemble du groupe et, partant, identiques ou peu s'en faut, d'un bout à l'autre du domaine. Et ceci, encore une fois, nous permet d'extrapoler avec de suffisantes garanties de probabilité.

Le domaine géographique actuel de la langue berbère nous est déjà très convenablement connu. Au cours de mes enquêtes de géographie linguistique, je l'ai personnellement, en grande partie, parcouru. Nous en connaissons toutes les masses, grandes ou petites, voire tous les îlots. Ce qui nous manque encore, c'est d'en indiquer les limites absolument précises sur carte à grande échelle, que cette limite, ici et là, soit brutale ou de type frange, sans parler des conséquences de la modernisation du pays qui draine, en particulier vers les grandes villes des zones arabophones, Tunis, Alger, Casablanca par exemple, des masses importantes d'éléments berbérophones de souche variée qui se mêlent plus ou moins, en dépit d'un certain instinct grégaire.

Sans tenir compte de ce dernier cas et avec les réserves précédentes, l'aire de la langue berbère est présentement la suivante:

Au Maroc, toute la Tachelhait et la Tamazight, soit une masse continue occupant, du Drâ au couloir de Taza, toute la zone montagneuse: le Bani, l'Anti-Atlas, le Grand Atlas, le Moyen Atlas et leurs annexes, parmi celles-ci, la vallée du Sous, partiellement toutefois. Au Maroc encore, au nord du couloir de Taza, la partie orientale de la chaîne rifaine, occupée par les Rifains et les Senhaja de Srair, avec, en bordure ouest, un tout petit îlot isolé de Ghomara et, directement à l'est, les Beni Iznacen jusqu'à la Moulouya.

En Algérie, en négligeant ici les territoires sahariens, quelques immigrés rifains à Port Say et au Vieil Arzeu, quelques familles encore au nord de Lalla Maghnia, surtout, au sud, un îlot de 4.000 à 5.000 individus: Beni Snous et Beni bou Said (partiellement) et quelques individus peut-être chez les Bel Halima de Frenda. — Dans le département d'Alger, une masse, au nord du Chélif, de Tenès, ou presque, à Tipaza, le long de la Méditerranée, avec quelques familles encore, au sud du Chélif, au pied de l'Ouarsenis, et surtout un petit groupe de Metmata et de Haraoua — 5.000 à 6.000 individus — au nord de Teniet el Had. Un petit îlot de même importance: Beni Salah, Beni Messaoud, Beni Misra, au-dessus de Blida. — A cheval sur les départements d'Alger et de Constantine, le grand bloc de la Kabylie, de Ménerville à Takitount, de la mer aux pentes sud du Djurdjura et sur un point même, au delà. — Dans le départe-

INTRODUCTION

ment de Constantine, séparé de la masse précédente par un couloir de 25 km. à peine à vol d'oiseau, la masse Chaouia, de Saint-Arnaud à la frontière tunisienne, des Hauts Plateaux constantinois au pied méridional de l'Atlas Saharien avec, dans cette sorte de quadrilatère, poussant lui-même une pointe vers l'ouest, deux infiltrations arabes, l'une s'enfonçant vers le sud par Ain Mlila, l'autre remontant vers le nord par une des vallées sud de l'Aurès, enfin avec imbrication de populations arabophones et berbérophones à l'extrémité orientale du bloc.[1]

En Tunisie treize villages seulement, tous au sud: Tmagourt (quelques éléments) et Sened à l'est de Gafsa, Zraoua, Taoujjout et Tamezret, dans la circonscription administrative de Metmata, Chnini et Douiret dans celle de Foum-Tatahouine, le reste: Adjim, Guellala, Sedouikech et, partiellement, Elmai, Mahboubin et Sedghiane dans l'île de Djerba.[2]

En Tripolitaine: Zouara, sur la côte, presque à la frontière tunisienne, la partie occidentale des villages du Djebel Nefousa, plus à l'est, Sokna, en voie d'extinction, au nord de l'extrémité orientale du Fezzan, puis Aoudjila en Cyrénaïque et, terme extrême du berbère à l'est, Siwa, à la frontière égyptienne, en territoire égyptien.

Pour revenir maintenant d'est en ouest au sud de la zone précédente: Ghadamès en Tripolitaine, cinq villages: Temacine, Blidet Amer, Tamellaht, Meggarine et Ghomra, au sud et au nord de Touggourt, dans l'Oued Rir' (sud-constantinois), Ouargla et Ngousa (ibid.), les sept villes du Mzab: El Ateuf, Bounoura, Beni Izgen, Melika, Ghardaia, Berrian et Guerrara (sud-algérois), la moitié des 150 minuscules 'ksours' du Gourara (sud-oranais), Tit dans le Tidikelt (ibid.), Tamentit et Tittaf dans le Touat (ibid.), enfin, dans les confins algéro-marocains, la totalité ou presque des villages de sédentaires, du moins en secteur algérien, de Chellala Dahrania (au nord d'Ain Sefra) à Mazer (au nord de Beni Abbès).

Plus au sud encore, à cheval sur l'Algérie et l'Afrique occidentale française (colonies du Soudan et du Niger) le vaste triangle géographique des Touaregs, des approches de Ghadamès au nord, au delà de Tombouctou et de Goundam au sud-ouest, de Zinder au sud-est, avec, au nord-est, une pointe des Kel Ajjer jusqu'au Fezzan.[3]

Enfin, au nord du Sénégal, entre Mederdra et l'Océan, quelques éléments Zenaga encore.

Les conditions dans lesquelles sont faits les recensements, en Algérie par exemple, ne permettent pas de discerner exactement, parmi les populations musulmanes, celles qui sont berbérophones de celles qui sont arabophones. Dans la mesure où d'anciens recensements ont essayé de faire la distinction, les résultats doivent être accueillis

---

[1] Pour les départements d'Alger et de Constantine, voir André Basset, *Atlas linguistiques des parlers berbères, Algérie, Territoires du nord, Animaux domestiques*, Publications de l'Institut d'Études Orientales de la Faculté des Lettres d'Alger, t. 2, fasc. I, *Equidés*, Alger, 1936, fasc. II, *Bovins*, Alger, 1939. Pour le département d'Oran, voir note 3.

[2] Pour les villages de Tunisie, sauf Sedghiane, voir André Basset, *La langue berbère en Tunisie* dans *Initiation à la Tunisie* sous la direction de J. Despois (à paraître prochainement), voir également note 3.

[3] On trouvera une localisation suffisante des points et des zones berbérophones du Sahara, y compris le sud tunisien, et du Soudan dans André Basset, *La Langue berbère au Sahara* dans *Cahiers Charles de Foucauld*, vol. 10, 1948, p. 120, 1er croquis (tête, sg.). En outre dans *Situation actuelle des parlers berbères dans le département d'Oran* (*Revue Africaine*, n° 368-9, 3ème et 4ème trim. 1936, p. 1003), j'ai indiqué la position des points berbérophones de cette région sauf pour le Gourara et dans *Les Ksours berbérophones du Gourara* (*Revue Africaine*, n° 372-3, 3ème et 4ème trim. 1937, p. 354) j'ai donné la répartition des berbérophones et des arabophones dans ce groupe d'oasis.

avec une extrême prudence, les autorités ayant considéré comme arabophones des 'bilingues' dont la langue, au foyer, était cependant le berbère, l'arabe ne représentant qu'une langue auxiliaire des hommes dans certains rapports externes, avec l'administration en particulier. L'erreur peut porter, comme à Châteaudun du Rhummel (département de Constantine) sur un ensemble de trente mille à quarante mille individus. Le départ tenté par Gautier et Doutté,[1] en Algérie encore, entre berbérophones purs et bilingues, est tendancieux et trop favorable à l'arabe. Les zones de 'bilinguisme' seraient, elles aussi, des zones de pure 'berbérophonie' si l'enquête avait été menée non en fonction des hommes, mais des femmes. Au demeurant, même pour les hommes, il n'existe guère de bilinguisme réel. L'arabe n'est qu'une langue seconde plus ou moins connue. Et comme il n'y a guère d'arabophone pour apprendre le berbère, tout 'bilingue' est en réalité un berbérophone.

Indépendamment du problème précédent, l'établissement, amorcé dans les régions les plus évoluées, d'un état civil et d'un recensement à l'européenne ne permet pas encore d'avoir partout des statistiques de la population comparables aux nôtres. Mais, même dans les régions les plus favorisées, l'état de civilisation, les mailles trop lâches du réseau administratif européen, des problèmes latéraux imprévus de prime abord, comme la dissimulation des naissances de filles pour pouvoir ensuite les marier en dessous de l'âge légal sur la foi d'un acte de notoriété qui les vieillit grâce à des témoins complaisants, inversement la multiplication des cartes d'alimentation pendant la guerre, déterminent un décalage appréciable, en plus ou en moins selon les moments, entre les chiffres officiels et la réalité.

Pour nous en tenir, dans ces conditions, à une grossière approximation, nous estimerons que les berbérophones représentent au Maroc la petite moitié de la population, soit quelque trois millions d'individus, en Algérie le tiers des musulmans, soit dans les deux millions de personnes, enfin, ailleurs, tant, à part les Touaregs, il s'agit de masses minuscules se dénombrant par milliers ou dizaines de milliers au maximum, dans les 500.000 âmes.

Quels que soient ces chiffres, sauf en de très rares points, le berbère est toujours et partout bien vivant. On peut même aller jusqu'à dire que, malgré son recul sur le terrain au cours des siècles passés, il est sans doute actuellement parlé par plus de gens qu'il ne l'a jamais été, tant, en raison des conditions actuelles de vie, de la réduction considérable des causes de mort prématurée, infantile surtout, la population s'accroît avec une grande rapidité.

[1] *Enquête sur la dispersion de la langue berbère en Algérie*, Alger, 1913.

I
PHONÉTIQUE

Les berbérisants n'ont guère été des phonéticiens. C'est à peine si Destaing avait commencé quelques études au palais artificiel qui sont restées inédites. De plus, presque tous se sont lancés dans la notation en pleine ignorance des rudiments les plus élémentaires. Enfin beaucoup s'en sont tenu, et jusqu'à maintenant, à des systèmes de graphie archaïques qui, non assouplis, ne leur permettaient pas un nuancement suffisant des différents sons et de leurs variantes. Un des détails les plus notables a été l'influence fâcheuse de la graphie française où le couple **ou** rend à la fois la sonante vélaire consonne et voyelle et la lettre **i** la sonante palatale consonne et voyelle.

Néanmoins les conditions sont telles que ces insuffisances restent pratiquement sans conséquences. Le secours des meilleures enquêtes est souvent profitable pour la lecture même des plus mauvaises. En outre la connaissance du système phonétique général à travers les parlers et du système morphologique permet sans difficulté et avec une suffisante probabilité de déceler les faits capitaux si bien que l'incertitude reste généralement limitée à des problèmes secondaires.

Le système fondamental, tel qu'il se dégage de la comparaison des parlers, est le suivant:

Consonnes:

2 labiales	**b**		**f**			
3 dentales	**t**	**d**	**ḍ**			
3 sifflantes				**s**	**z**	**ẓ**
2 chuintantes				ʃ	ʒ	
2 gutturales	**k**	**ġ**				
1 vélaire					ɣ	

b, t, d, ḍ, k, ġ, quand elles sont brèves et non conditionnées, sont occlusives ou à tendance spirante. Il ne s'agit pas d'une dualité de son, mais d'une répartition dialectale: b tend à la bilabiale spirante, peut-être même, en Grande Kabylie, à la dentilabiale; t, d, ḍ, à l'interdentale, t parfois, ainsi dans la région du Chélif ou en pays Chaouia, au simple souffle, h, et même à la disparition complète; k, ġ évoluent généralement, par progression, vers la chuintante et la sonante palatale (avec sonorisation de k en ce cas), ġ, exceptionnellement, jusqu'à la sifflante; parfois, inversement, par régression, vers la vélaire.

La tendance à la spirantisation des labiales et dentales semble marcher de pair. Il n'en est pas nécessairement de même de celle des gutturales vis-à-vis des labiales et des dentales et même entre elles: ainsi, en touareg Ahaggar, ġ est spirant (ġ̣) alors que **b, t, d, (ḍ)** et **k** sont occlusifs.

En gros on peut considérer comme parlers à tendance spirante nettement caractérisée ceux du centre et du nord du Maroc et ceux de l'Algérie non saharienne: îlots oranais, région du Chélif, Kabylie, pays Chaouia. Ce fait, tôt reconnu, a servi longtemps de critère de classement des parlers berbères. Il devra vraisemblablement être subordonné à d'autres critères de caractère morphologique.

Longs ou conditionnés, les sons précédents sont occlusifs dans tous les parlers. Toutefois t, mais non d, en Kabylie, passe normalement à la semi-occlusive et ḍ qui, même bref, est dialectalement sourd, ṭ, allongé passe normalement partout à ṭṭ. Les cas de ḍḍ long sont toujours accidentels.

En dehors de ces faits fondamentaux, les dentales t, d peuvent subir des altérations encore insuffisamment étudiées dans les zones considérées jusqu'ici comme occlusives. On signalera par exemple la tendance aux sifflantes, s et z, dans un secteur de la Tachelhait ou encore, fait d'autant plus notable qu'en raison de la structure morphologique de la langue les actions réciproques des sons sont particulièrement limitées en berbère, la tendance à la chuintante devant sonante palatale en maints parlers sahariens.

Les sifflantes sont en général d'une remarquable stabilité. Toutefois en touareg z bref et non emphatique passe, sauf cas particulier, à h dans le nord, ʃ au sud-ouest et généralement ʒ au sud-est. Longues, il arrive à s et z, ainsi en Kabylie, de passer à la semi-occlusive correspondante: ts, dz.

Les chuintantes ʃ, ʒ ne sont pas seulement un produit d'évolution phonétique. Elles existent en soi, mais, en ce cas, sont rares et posent de ce fait un problème. Longues, elles peuvent, parallèlement aux sifflantes, en certains parlers et en certains cas, passer aux semi-occlusives: tʃ, dʒ. A signaler dialectalement les chuintantes spirantes longues issues des groupes sk et zg, ainsi Kabylie iʃʃ<isk 'corne' ou touareg aʒʒər<azgər (nom d'un groupement).

ɣ paraît être la seule vélaire de base; la spirante sourde correspondante, x, est normalement due à l'assourdissement conditionné de ɣ, soit au contact d'une sourde, soit encore en finale. L'occlusive vélaire sourde, q, n'est fondamentalement qu'une conséquence de l'allongement de ɣ. Tout comme ḍ long, ɣ long est exceptionnel et inattendu. Le passage de ɣ long à q est aussi fondamental, pour l'ensemble des parlers, que celui de ḍ long à ṭṭ.

Compte tenu cependant de quelques termes expressifs, les très nombreux emprunts de vocabulaire à l'arabe sont responsables de la présence de la sifflante sourde emphatique ṣ, à laquelle correspond en berbère la sonore ẓ, des pharyngales sonore ʿ et sourde ḥ, de la laryngale h en son autonome, en outre de l'apparition de ṭ, x et q dans les mêmes conditions que ḍ et ɣ, avec toutefois une tendance, sensible pour ṭ, à ramener ces derniers sons aux conditions mêmes de leur emploi berbère.

Sonantes. — Les nasales, en base m et n, sont toujours consonnes en berbère. Mais la morphologie permettra peut-être de déterminer des emplois qui les différencieront des consonnes proprement dites. Pour négliger ici les faits d'assimilation et de dissimilation, m ne paraît pas poser d'autre problème particulier que celui d'une certaine instabilité de la brève à la longue dans certains mots sans qu'on en puisse déceler la raison, ainsi d'**izimər** à **izimmər** 'l'agneau'; n, normalement apical, est susceptible, par accommodation, au moins chez les Chaouia Ait Frah, de devenir ny, semi-occlusif devant sonante palatale, ŋ occlusive vélaire devant sonante vélaire et, rarement en raison des circonstances, occlusive gutturale devant consonne gutturale.

Les liquides l et r, sont, elles aussi, toujours consonnes. Elles sont toutes deux susceptibles d'altération en maints parlers, mais les notations en sont souvent trop grossières pour qu'on puisse les accepter les yeux fermés. Ainsi, malgré les exemples apparents contraires, il n'est pas sûr qu'il y ait jamais confusion de l et de r. En somme, à l'oreille, l, altéré, paraît tendre soit vers la dentale, soit vers la chuintante, soit vers la liquide médiane. Mais, si nous en jugeons par nos propres observations dans la région kabyle d'Azazga, il semble bien, tant nos diverses notations, loin de se grouper en aires, sont mêlées, qu'il s'agisse plutôt de trois impressions auditives d'une même tendance que de trois tendances différentes. C'est au demeurant à l'impression chuintante que les enquêteurs paraissent avoir été, ces dernières années, surtout sensibles, soit avec Loubignac chez les Izayan du Moyen Atlas, soit plus particulièrement avec Biarnay, nous-même et d'autres encore, dans le Rif du nord du Maroc où **taməllalt** 'œuf' aboutit à **θamədʒdʒatʃ**.

Le cas de **r** est plus complexe. Altéré, il donne généralement une impression auditive l, mais sans confusion, dans un même parler, comme me l'a fait très justement remarquer M. Renisio, entre **tisira** 'moulins' et **tisila** 'chaussures'. Ailleurs, appuyant, il tend à s'évanouir en laissant un résidu vocalique **a**, ainsi dans le Rif. Ailleurs encore, toujours appuyant, il laisse un résidu **h**, ainsi dans le Gourara.

Phonétiquement sont seules sonantes en berbère les sonantes palatale et vélaire avec leur double aspect vocalique (**i**, **u**) et consonantique (**y**, **w**) et leur incessante possibilité de passage continu de l'un à l'autre. Ce sont assurément les éléments les plus délicats de la phonétique berbère. Indépendamment de cette perpétuelle instabilité entre consonne et voyelle et deuxième élément de diphtongue, en vertu de leur position dans la suite des sons, instabilité qui réagit non seulement sur l'aspect auditif des mots, mais aussi sur le plan morphologique, elles sont susceptibles, l'une et l'autre, d'altérations secondaires. Nous les rencontrons fréquemment interchangées, sans que nous puissions déterminer le sens de l'évolution: ainsi **aʃənfir/aʃənfur** 'lèvre', **asif/asuf** 'rivière', etc., avec répartition en aires dialectales. Il y a patente dissimilation, dialectale également, de la sonante vélaire au profit de la sonante palatale, ainsi **iwin**<**uwin** 'ils ont porté', **tiru, turi**<**turu** 'elle a enfanté', etc. La sonante vélaire consonne longue ou la séquence voyelle-consonne de deux sonantes vélaires peut aboutir, toujours dialectalement, à une labiale ou une gutturale plus ou moins vélarisées, **(u)bb(w)/(u)gg(w)**, ainsi: **tabburt, taggurt**<**tawwurt** 'la porte', **bbwiɣ, ggwiɣ**<**uwiɣ** 'j'ai porté', la gutturale étant parfois assourdie comme dans le cas très général de **kkat**<***wwat** 'frapper habituellement', qui devient dialectalement à son tour **tʃtʃat**. Dialectalement encore **w** bref (ou long?) peut passer à la bilabiale spirante, ainsi Ghadamès **əvər**<**əwər** 'fermer', **tavvurt**<**tawwurt** 'porte', — ou à **h**, ainsi touareg Ahaggar: **ahar**<**awar** 'lion', **əhər** 'fermer', **tahurt** 'porte'. De son côté la sonante palatale consonne longue ou voyelle+consonne peut passer, dialectalement une fois de plus, à **gg** comme dans Kabyle **məggəl**<**məyyəl** 'labourer un verger' ou Chaouia Ait Frah **iḥuləggən**<**iḥuliyən** 'couvertures', **θəggəni**<**tiyni** 'dattes', etc. A signaler également, ainsi Chaouia Ait Frah, l'assourdissement conditionné de la sonante palatale brève, provoquant une variante de chuintante sourde: **zzəçθ**<**zzit** 'huile'.

Voyelles. — Les voyelles sont avec les sonantes palatale et vélaire les éléments en général les plus maltraités dans les notations des enquêteurs.

Le système de base paraît reposer sur une opposition de deux degrés, le degré plein et le degré zéro. Le degré plein est représenté par les trois timbres, **a**, le plus ouvert, **i**, le plus fermé palatal, **u** le plus fermé vélaire. **i** et **u** sont inclus dans le jeu sonantique, **a** reste indépendant, du moins en l'état des choses, de tout jeu sonantique. Le degré zéro peut être absolu, c'est-à-dire qu'il comporte l'absence de tout élément vocalique s'il ne se crée pas ainsi une suite de sons imprononçable; il peut être relatif, c'est-à-dire qu'il comporte un minimum d'élément vocalique, que nous notons ə, s'il est nécessaire de constituer un centre de syllabe. Les timbres **a, i, u**, toujours à valeur morphologique, ont une position déterminée et stable dans le mot, en fonction du rôle morphologique du mot. La voyelle ə, purement phonétique, passe progressivement d'un état vocalique bien caractérisé à l'amuissement le plus complet en raison de l'allure du débit. Elle est même susceptible de s'assourdir, ne laissant pour tou résidu qu'une légère suspension. Elle varie de place au cours d'une flexion suivant la variation du nombre et la disposition des consonnes, en raison de l'addition aux immuables consonnes radicales, de consonnes formatives désinentielles, ainsi **nəkrəz** 'nous labourons', mais **kərzəγ** 'je laboure', voire même en fonction de la nature de telle ou telle consonne radicale, ainsi **kərz** 'laboure' en regard de **xdəm** 'travaille', la 2ème radicale étant une liquide. Elle n'apparaît pas devant sonante consonne, celle-ci passant à l'état voyelle, ainsi **γli** et non *γləγ 'tombe'.

Mais le système très simple se complique d'un certain nombre d'incidences. La comparaison dialectale montre en effet qu'à une voyelle pleine, dans certains parlers, peut répondre une voyelle ə d'autres parlers, **nsan/nsin/nsən** 'ils ont passé la nuit', si bien qu'on doit admettre qu'une voyelle ə peut être aussi la conséquence de la réduction d'une voyelle pleine. D'autre part toutes ces voyelles sont susceptibles de colorations diverses au gré de leur entourage. L'influence la plus notable est celle des consonnes emphatiques qui détermine une série vocalique emphatisée ạ, ị, ụ, ə̣, elle-même nuancée. De même, consonnes palatales, labio-vélaires et laryngales agissent tout spécialement sur ə qui peut virer sur **i, u**, et **a**. Qu'il y ait ou non confusion possible pour le sujet parlant lui-même, les enquêteurs ont généralement confondu les faits de base et ces faits secondaires, mais la morphologie, le plus souvent, permet de faire la distinction. En dehors de ces observations capitales, on a noté une tendance inconditionnée de **a** à la palatalisation et surtout de certains **i** à être des **i** ouverts. Foucauld a été tout particulièrement sensible à ce dernier phénomène qui ne paraît pas spécial au touareg Ahaggar.

Bien que le berbère ne possède que les séries vocaliques de base, palatale-étirée et vélaire-arrondie et ignore, en particulier, la série palatale-arrondie, nous signalerons, au moins à titre de curiosité, chez les Chaouia Ait Frah, une tendance conditionnée de **u** à **ü**, ainsi **ġġʸümma**<**ġġumma** 'refuser'.

Bien qu'il ignore également les séries nasales, il lui arrive dialectalement, ainsi en Grande Kabylie, de terminer en nasales les voyelles **a** et **i** en finale absolue: ainsi, **θaγmaã** 'la cuisse', **ulliĩ** 'les brebis'.

Nous avons déjà, chemin faisant, à propos des consonnes et des sonantes consonnes, fait allusion à l'existence de deux quantités, l'une brève, l'autre longue. La brève est la quantité normale, la longue l'accidentelle. Cette quantité longue peut être franchement accidentelle quand elle est purement phonétique. Elle résulte alors de la fusion en une consonne longue de deux brèves fortuitement en succession immédiate, ainsi sg. **ikərri** 'bélier' en regard de pl. **akrarən**, **bədd** 'être debout' à côté de **əbdəd**, etc., ou plus généralement elle est la conséquence d'une assimilation ou d'un allongement compensatoire, ainsi touareg əzzəɣ<əzdəɣ 'habiter', passim əkkər<ənkər, etc. Mais l'allongement consonantique est essentiellement une marque morphologique; un nom verbal aggwai̯ est à 1ère radicale longue en regard d'un impératif awi 'porter, mener' à 1ère radicale brève; un singulier afus 'main' à 2ème radicale brève en regard d'un pl. ifassən à 2ème radicale longue, un sg. ayuggwad 'jardin' à 2ème radicale longue en regard d'un pl. iɣudan à 2ème radicale brève, un prétérit de verbe de qualité məllul, à 2ème radicale longue en regard d'un thème d'aoriste imlal à 2ème radicale brève, etc., surtout des thèmes d'aoriste intensif ẓẓad, ẓərr, kərrəz, etc., à 1ère ou 2ème radicale longue en regard des thèmes d'aoriste non intensif əẓd 'moudre', ẓər 'voir', əkrəz 'labourer', etc., à radicales brèves.

Il va sans dire que l'opposition de deux quantités, et de deux quantités seulement, n'est qu'un phénomène de conscience linguistique. La réalité est beaucoup plus souple et permet d'aller en une suite quasi continue de la plus extrême brève à la plus extrême longue. Il y a d'autre part, à la durée longue, une limite que l'on ne saurait dépasser. Les circonstances peuvent en effet amener deux consonnes longues à se suivre immédiatement: ainsi le t long de l'aoriste intensif et le t long du préfixe **ttwa-** de la forme à dentale. Ces quatre unités de t se confondent absolument, nous semble-t-il, avec les deux unités du seul préfixe **ttwa-**.

Pour les voyelles le problème de la quantité se pose différemment. Il est évident qu'ici encore toutes les voyelles n'ont pas même durée. Il en est même de suffisamment longues pour aboutir à un dédoublement, ainsi Chaouia Ait Frah θaarça< tarka 'murette'. Mais, sous les réserves qui suivront, on peut penser que le sujet parlant ne prend pas conscience de ces variations de durée. Je recherche encore, pour les parlers que j'ai particulièrement étudiés, un phénomène de morphologie indubitablement caractérisé par une variation de quantité vocalique. L'expérience m'a même montré que ce critère morphologique ne jouait pas entre deux formes homophones cependant morphologiquement différenciées par le contexte, ainsi aor. ou prét. 3 sm. **ikkər** 'se lever' ou encore aor. et aor. int. **ssugir** 'faire marcher'. Aussi, quand certains auteurs comme Destaing se sont efforcés, dans leurs textes, de discerner non pas deux, mais quatre, voire cinq quantités vocaliques: une ultra-brève, une brève, une moyenne, une mi-longue et une longue, restons-nous très sceptiques sur la qualité et la valeur de ces distinctions. En gros la longue et la mi-longue répondent purement et simplement à la voyelle pleine, la brève et l'ultra-brève au degré zéro relatif avec ou sans coloration, la moyenne à un agréable mélange des deux. Toutefois, Foucauld, en touareg de l'Ahaggar, a constamment distingué trois quantités: une longue, une moyenne (ou indifférente) et une brève. Il a élaboré toute une théorie quantitative de la versification, mais cette théorie est binaire et non ternaire et suppose en outre d'infinies licences poétiques. Il est clair, sans aller plus loin, que théorie quantitative de la voyelle et théorie prosodique ne se superposent pas. D'autre part, il fait intervenir la quantité vocalique dans sa description morphologique. Dans le verbe, par exemple, il affecte de la longue tous les thèmes intensifs, impératif-aoriste et prétérit intensifs, de la brève le prétérit positif, de la moyenne (ou indifférente) le prétérit négatif et l'aoriste. On arrive ainsi aux oppositions moyenne/longue entre aoriste et aoriste intensif, brève/longue entre prétérit et prétérit intensif, brève/moyenne entre prétérits positif et négatif et entre prétérit et aoriste. Indépendamment de ce que peut avoir d'inattendu l'économie de ces rapports, on voit mal, ici encore, la conciliation d'un système vocalique quantitatif ternaire avec un système morphologique constitué par des relations binaires.

Le plus souvent les enquêteurs n'ont pas tenu compte et continuent à ne pas tenir compte de la quantité vocalique. Il ne semble pas que les rapports morphologiques, voire phonologiques en soient viciés.

Certains auteurs ont essayé également de noter un accent de mot, tentatives plutôt rares jusqu'ici, aux résultats peu convaincants. Il n'est pas sûr qu'en tentant de saisir cet accent de mot au cours de textes, ils aient pu ou su faire le départ entre accent de mot et accent de phrase. Pour notre part, nous restons réservé plus à l'égard des résultats que du principe lui-même. Le berbère possède en effet un riche jeu de pronoms personnels et de particules susceptibles de s'accrocher à d'autres mots pour former avec eux un unique mot phonétique et de varier de position en fonction de la syntaxe. On peut aisément imaginer que ce sont des enclitiques, dépourvus normalement par eux-mêmes d'accent et ayant besoin de l'appui d'un mot accentué. Mais il nous est difficile d'en dire plus pour l'instant, de déterminer ce qui peut revenir à la tonalité ou à l'intensité, de reconnaître la place de l'accent dans le mot, les conditions de fixité ou de variabilité de son jeu. Quoi qu'il en soit, il n'a pas paru jusqu'ici qu'en négligeant cet aspect, on pouvait être le moindrement gêné dans l'étude de la morphologie, voire même dans celle des accidents phonétiques. Bref, s'il existe effectivement un accent de mot, quel qu'il soit, il est de la catégorie des accents faibles. Foucauld, sensible à la quantité vocalique, n'a rien tenté en ce sens.

II
MORPHOLOGIE ET SYNTAXE

Les principes généraux sont valables pour tous les parlers; il n'en est point d'aberrant, une réserve toutefois pour les Zenaga.

Un groupement exclusif de consonnes constitue le radical et, partant, l'armature sémantique du mot. Ces consonnes sont généralement au nombre de trois, mais il peut y en avoir de une à quatre. Dans une racine donnée, elles sont immuables en nature, en nombre et en position respective. Mais des accidents phonétiques sont susceptibles d'amener des perturbations: altération, disparition de sons, déplacement mutuel. D'autre part, le jeu morphologique peut faire alterner des séquences médiates ou immédiates par la présence ou non de voyelles pleines entre les consonnes radicales, et le jeu phonétique par la présence d'un degré zéro absolu ou relatif du vocalisme.

Des consonnes affectées ou non d'un vocalisme peuvent encore intervenir comme éléments formatifs dérivatifs. Ces éléments formatifs sont toujours préfixés ou suffixés aux éléments radicaux, jamais infixés. Toutefois le problème se pose de l'infixation de sonantes palatale ou vélaire dont, quel que soit leur état phonétique apparent, on peut se demander si elles sont là à titre de voyelle ou à titre de consonne. Le problème se pose également de l'infixation, d'une forme d'infixation, de nasales et de liquides, ce qui pourrait être considéré comme un indice d'ancienne capacité sonantique. Enfin quelques rares exemples nous arrêtent qui offrent l'apparence, au moins, d'infixation de consonnes proprement dites, ainsi, en Kabylie, **aftus** à côté de **afus** 'main'.

Des consonnes encore, affectées ou non, elles aussi, d'un vocalisme, constituent les éléments désinentiels: indices de genre, de nombre et de personne. Ces éléments désinentiels sont toujours nettement distincts et immédiatement discernables. Ils sont toujours disposés à l'extérieur du mot, au début ou à la fin, parfois aux deux extrémités simultanément, si bien qu'en allant du centre du mot à ses extrémités, l'on a toujours: éléments radicaux, éléments formatifs, éléments désinentiels, éléments formatifs et éléments désinentiels pouvant être l'un ou l'autre ou tous deux réduits à zéro.

Le jeu vocalique a toujours une valeur morphologique, jamais sémantique. De nombreux exemples le prouvent qui témoignent ouvertement de la variabilité de ce jeu vocalique dans le développement de la racine. Il y a quelques cas où la voyelle paraît échapper à cette loi et, partant, mettre en doute la valeur absolue de ce principe. Mais, au fur et à mesure des recherches, nous réduisons régulièrement le nombre de ces cas et l'on peut penser qu'ils finiront par être tous éliminés.

Le jeu vocalique repose sur quatre états de la voyelle: les trois timbres **a, i, u**, constituant le degré plein, l'absence morphologique de voyelle constituant le degré zéro. Nous n'avons pas à nous préoccuper ici de la distinction entre degré zéro relatif et absolu, à valeur purement phonétique. Toutefois, des problèmes, en Ahaggar en particulier, restent en suspens à cet égard, qui pourraient nous obliger à assouplir au moins la théorie.

Sur le plan radical et morphologique il y a une opposition fondamentale entre voyelle et consonne. La voyelle n'intervient jamais sur le plan radical, stricte domaine de la consonne. La consonne intervient par contre à la fois sur les plans radical et morphologique. Mais sur le plan morphologique, le rôle des consonnes et des voyelles n'est nullement interchangeable. Le plan désinentiel par exemple est un plan nettement consonantique; il n'y a pas une désinence qui ne soit caractérisée par un élément consonantique et si un jeu vocalique intervient, ce n'est jamais qu'en fonction de la base consonantique. Celle-ci d'ailleurs est le plus souvent affectée de voyelle zéro, c'est-à-dire seule. Les mêmes remarques sont exactement valables pour le plan formatif dérivatif. Par contre, est exclusivement du domaine vocalique l'opposition, dans le verbe, du prétérit et de l'aoriste, sous quelques réserves d'alternances quantitatives radicales, du prétérit et du prétérit-intensif, ou encore, sous réserve de la valeur fondamentale de la sonante, du prétérit positif et du prétérit négatif.

Il y a lieu néanmoins de tenir compte d'accidents. Nous en citerons deux à titre d'exemple. Alors que l'aoriste intensif, pour des raisons d'origine, rentre dans la catégorie du système consonantique, contrairement à ce qui se passe pour le prétérit intensif, à la forme à sifflante, l'aoriste intensif n'est caractérisé que par son vocalisme. D'autre part le rapport de singulier à pluriel relève tantôt du système désinentiel, adjonction d'un suffixe, partant consonantique, tantôt d'un système d'opposition de thèmes par jeu vocalique. Aucune distinction, sinon d'usage, à faire présentement dans l'emploi de l'un ou de l'autre. Il y a tout lieu de penser qu'il y a là confusion secondaire, le pluriel par suffixe et le pluriel par voyelle a n'étant pas, antérieurement, destinés à marquer la même nuance de nombre.

Ceci étant, la catégorisation grammaticale n'est pas faite pour nous dépayser. Mais il ne faut pas, néanmoins, se laisser prendre par cet accès quasi de plain-pied et ne pas la croire, pour un Français, par exemple, encore plus identique qu'elle ne l'est en réalité. Chemin faisant nous attirerons l'attention sur certains problèmes.

Le Verbe

Le verbe comprend une forme simple et des formes dérivées. La dérivation peut être obtenue, comme nous l'avons indiqué précédemment, par l'addition de préfixes à base consonantique, ainsi, à base sifflante, à base dentale, à base nasale, ce qui représente les trois formes vivantes de dérivation, la première à valeur factitive, la seconde à valeur passive, la troisième soit à valeur réciproque soit à valeur passive, selon les verbes. Mais ces trois formes vivantes ne sont pas les seules. Nous avons le témoignage, sporadique, d'autres préfixations possibles, ainsi d'un élément ʃ/ʒ qui nous donne à côté du verbe **imlal** 'être blanc' et de l'adjectif **aməllal** 'blanc', en touareg Ahaggar le verbe **ʒəmləl** 'être pie' et dans le Rif l'adjectif **aʃəmlal**.

Il y a également des résidus de suffixation. Ainsi on trouve, très nombreux en touareg, des verbes comportant un suffixe t, actuellement non mobile, dont tous les autres parlers possèdent quelques traces, ce qui nous prouve qu'il ne s'agit pas d'une simple variété dialectale. Il y a aussi des indices de complexes par préfixation et suffixation; ainsi, jusqu'à plus ample informé, il existe à côté des deux verbes **kəl** 'passer les heures de la journée' et **əns** 'passer la nuit', les deux dérivés **məkləu̯** 'prendre le repas du jour' et **mənsəu̯** 'prendre le repas de la nuit'.

A côté de la dérivation par affixe, il y a la dérivation par allongement et redoublement d'une consonne radicale, les deux phénomènes pouvant coexister et n'étant pas exclusifs d'une dérivation par affixe. C'est ainsi, par exemple, qu'à côté du verbe əγli 'tomber' existe le dérivé qəlulli 'dégringoler' où apparaissent entre autres le redoublement et l'allongement de la deuxième radicale l. Par ailleurs, le redoublement complet, pur et simple, limité dans les parlers maghrébins à de seules onomatopées bilittères : fərfər, etc., est très répandu dans les parlers touaregs, non seulement pour des bilittères, mais aussi des trilittères : type bəḍbəḍ 'trouer çà et là' à côté de əbəḍ 'trouer'. Au demeurant, toutes les fois qu'intervient le redoublement, et souvent l'allongement, on est, de toute évidence, en présence de termes à valeur expressive.

Ces questions, peu étudiées, ne nous ont certainement pas encore livré tout ce que nous pouvons en attendre. Ainsi la sonante vélaire du type qəlulli reste toujours inexpliquée. Il en est de même de la sonante vélaire après première radicale des verbes de type *wunzər 'saigner du nez'.

De même que nous ignorons la nuance impliquée par la présence du suffixe t, il reste encore beaucoup à apprendre sur les raisons d'être et les nuances des formes dérivées. D'où vient qu'une forme à nasale qui se présente à nous comme une malgré les variations du préfixe m, n, mn, nm, ml, lm, etc. puisse avoir, selon les verbes, une valeur réciproque ou une valeur passive ? Pourquoi l'expression du passif en général par la forme à dentale et parfois par la forme à nasale ? Mais surtout pourquoi l'expression du passif par une forme dérivée quand, en base, comme l'a excellemment vu Foucauld, la forme simple par elle-même a généralement les trois valeurs d'actif, passif et réfléchi ? Et si parfois certains verbes se refusent aux trois valeurs, c'est la valeur passive, ou une valeur voisine, qui est exclusive à la forme simple, l'actif étant alors exprimé, par suite de glissement du factitif à l'actif, par la forme à sifflante. Tel est le cas de ənz 'être vendu', ərs 'être posé', etc., 'vendre', 'poser' s'exprimant par zzənz (<ssənz) et par ssərs. Enfin, de façon plus générale, la forme à sifflante n'a pas que la brutale valeur de factitivité, la forme à dentale de passif et, sous les réserves précédentes, la forme à nasale de réciprocité : ainsi, Chaouia Ait Frah mmərçaʃ signifie 'courir à l'envie en cherchant à se dépasser' et ttwatʃ 'être mangé' mais aussi 'être mangeable'. Un gros travail de précision et de nuancement reste à faire en ce sens.

A chacune des formes simples et dérivées on distingue :
    un impératif et un impératif intensif,
    un aoriste et un aoriste intensif,
    un prétérit positif,
    un prétérit négatif,
    un prétérit intensif.

La question des modes est embryonnaire en ce sens qu'à l'exception d'un impératif, pour l'ordre et la défense, toutes les autres nuances modales : constatation, supposition, souhait, etc., s'expriment par le même jeu d'aoriste et de prétérit.

Les termes d'aoriste et de prétérit sont des termes arbitraires. Nous n'arrivons pas encore à déterminer à quelle nuance de pensée répond leur opposition. Nous avons tout lieu de considérer qu'il ne s'agit pas d'une valeur temporelle, au moins en base. Certains, pourtant, distinguent des verbes à passé d'une part, présent-futur d'autre part et des verbes à passé-présent d'une part, futur d'autre part. La similitude de structure de tous les verbes, quelle que soit leur répartition dans l'une ou l'autre de ces deux catégories, nous paraît déjà à elle seule un argument décisif contre la valeur profonde d'un pareil classement. Faut-il y voir une opposition déterminé/indéterminé, momentané/duratif, parfait/imparfait, etc. ou encore, selon les termes généralement adoptés par les arabisants, accompli/inaccompli ? Peut-être, mais, pour notre part, nous sommes tentés de chercher dans le sens de l'opposition d'un précis et d'un imprécis. Quoi qu'il en soit, il nous semble, à la suite d'un nouvel examen de la question, que, en reprenant aux phonologues une de leurs expressions familières, l'aoriste serait le terme non marqué de l'opposition, et le prétérit le terme marqué. Autrement dit, l'aoriste serait le thème passe-partout sans intention particulière, et le prétérit le thème employé avec une intention déterminée. De fait, l'aoriste, infiniment plus fréquent que le prétérit, serait, entre autres, le thème indifférent du récit.

Ce que nous appelons impératif intensif et aoriste intensif était réuni jusqu'ici sous le nom de forme d'habitude, considérée comme une forme dérivée, au même titre que les autres formes dérivées à sifflante, dentale ou nasale, par exemple. Il y a tout lieu de penser que ce dernier point de vue est exact historiquement. C'est ce qui explique en effet d'une part l'opposition de formation entre impératif et aoriste intensifs et prétérit intensif, d'autre part la formation du thème d'impératif-aoriste intensif par allongement d'une consonne radicale ou préfixation de tt. Mais dans le système actuel du verbe, leurs conditions d'emploi, leur rôle sont exactement parallèles à ceux de l'impératif, de l'aoriste et du prétérit et ils ont, par opposition au prétérit, une affinité formelle et usuelle avec l'impératif et l'aoriste.

Certains parlers distinguent un impératif et un aoriste intensifs positifs et un impératif et un aoriste intensifs négatifs. La distinction est quasi constante en touareg où, dialectalement, l'impératif et l'aoriste intensifs positifs ont, chaque fois que cela se peut, un vocalisme supplémentaire. Ailleurs, là où la distinction existe, elle est subordonnée à la présence d'un vocalisme déterminé. Elle est ici visiblement secondaire sous l'influence du prétérit négatif.

Le prétérit intensif n'apparaît que régionalement, d'une part chez les touaregs, d'autre part, nous a-t-il semblé, à Aoudjila et à Siwa, c'est-à-dire à l'extrémité orientale et sud-orientale du monde berbère. Ici et là, son caractère d'intensif du prétérit est indéniable car il a toujours pour base le thème du prétérit. Mais sa formation, toujours vocalique au demeurant, diffère dans les deux zones. Chez les Touaregs, où Foucauld l'a, à tort, considéré comme un présent, il est marqué par un vocalisme long interne ou l'allongement d'un vocalisme plein déjà existant. A Siwa et à Aoudjila, il est caractérisé par une post-position vocalique, fonction, le cas échéant, d'une désinence suffixée.[1] L'existence de cette dualité de formation laisse à penser qu'il s'agit d'innovations dialectales plutôt que de conservatisme: les deux groupes isolément auraient éprouvé le besoin de compléter le système des thèmes, en posant un prétérit intensif à côté du prétérit, comme il existait un aoriste intensif en regard de l'aoriste, mais tous deux par le jeu, normal en ce cas, du vocalisme.

L'existence d'un prétérit négatif, formellement, mais partiellement seulement, marqué par la présence, dans le thème de prétérit, d'une sonante palatale, est indéniable. Il est, lui aussi, pan-berbère, avec cette réserve toutefois que certains parlers

---

[1] Sur le prétérit intensif à Siwa et à Aoudjila, voir André Basset, *Problème verbal dans le parler berbère de Siwa*, dans *Mélanges Maspéro*, t. 3, pp. 155-9, Le Caire, 1940; *Siwa et Aoudjila, problème verbal berbère*, dans *Mélanges Gaudefroy-Demombynes*, Le Caire, 1935-45, pp. 279-300.

paraissent ne pas l'employer; ainsi, dans le sud du Maroc, parmi ceux de la Tachelhait. Il s'agit évidemment, dans ce dernier cas, non du maintien d'un état ancien, mais d'une tendance évolutive. Il semble d'ailleurs qu'y subsistent quelques résidus de prétérits négatifs.

La valeur négative de la sonante palatale est tellement sensible que celle-ci tend à s'implanter, même là où il est patent qu'elle n'apparaît pas normalement. C'est ainsi qu'on la rencontre dans le type dialectal **bna** 'construire' qui ne la suppose pas, provoquant dans un même parler flottement de verbe à verbe d'une même conjugaison, voire de personne à personne d'un même verbe, voire même pour une même personne avec, finalement, hésitation de l'informateur. Alors que la caractérisation formelle du prétérit négatif est strictement réservée à la forme simple, on la voit apparaître sporadiquement dans les formes dérivées, tout au moins à la forme à sifflante : réaction de la forme simple sur les formes dérivées dont les thèmes de prétérit et d'aoriste intensif offrent d'ailleurs d'autres témoignages. Enfin, comme nous l'avons précédemment signalé, elle s'introduit même, dialectalement, à l'impératif et à l'aoriste intensifs, créant, ici et là, un impératif et un aoriste intensifs négatifs déterminés par l'attraction d'une relation vocalique.

Les conditions normales d'apparition de la sonante palatale posent elles-mêmes quelques problèmes. Les thèmes qui y sont soumis sont nettement minoritaires, mais ils sont parmi les plus usuels, y compris le plus usuel. Cette sonante est placée généralement avant la dernière consonne radicale, mais à la condition que le prétérit positif ne comporte pas, en pareille position, de voyelle pleine, ce qui ne signifie pas que tous les prétérits positifs à dernière radicale précédée de voyelle zéro, ont un prétérit négatif en **i** correspondant. Par contre, quand un prétérit positif à alternance vocalique post-radicale est doublé d'un prétérit négatif, la sonante palatale apparaît aux lieu et place de la voyelle pleine du prétérit positif. Il s'établit ainsi une relation entre la position de la sonante palatale et le vocalisme du prétérit positif et une opposition partielle dans la permanence de la voyelle pleine du prétérit positif suivant qu'elle est avant ou après dernière radicale.

Enfin la présence d'un thème spécifiquement négatif étant, selon les comparatistes, inattendue, en berbère, un problème plus général se trouve également posé.

L'impératif et l'aoriste ont toujours même thème. Les divergences sont rares et accidentelles. La plus considérable tient au traitement quantitatif de la consonne initiale, première radicale dans les verbes à quatre unités consonantiques en particulier et consonne formative. Cette première consonne, en effet, théoriquement longue, est longue à l'aoriste mais brève à l'impératif. Il semble qu'il faille y voir la régularisation d'un phénomène purement phonétique, la consonne étant brève en initiale absolue, longue ailleurs. L'impératif où elle est toujours en initiale absolue, aurait maintenu la quantité brève, l'aoriste où tantôt elle est en initiale absolue, tantôt elle ne l'est pas, aurait généralisé la consonne longue. Au demeurant, il va sans dire que la quantité longue est moins perceptible et sujette à abrègement dans le premier cas. D'autre part le phénomène tend à n'être plus senti comme vivant dans maints parlers où il y a actuellement un certain flottement. Tel est le cas, entre autres, pour les Chaouia Ait Frah. La perpétuelle identité de thème de l'impératif et de l'aoriste n'est évidemment pas due au hasard. Il y a entre eux une certaine affinité en regard du prétérit.

Si l'on en croit Foucauld, la fondamentale opposition de l'aoriste et du prétérit serait toujours formellement marquée, ne serait-ce que par une relation vocalique quantitative moyenne/brève. Mais si l'on néglige ce trait, le problème se pose autrement. Selon les conjugaisons, prétérit et aoriste seraient formellement confondus ou différenciés. Et parmi les conjugaisons où ils seraient formellement confondus, se trouve la plus vivante de beaucoup, celle qui réunit toujours dans un parler le tiers ou le quart des verbes, celle qui s'enrichit par excellence d'emprunts à l'arabe. En cas de différenciation, cette différenciation se traduit par des oppositions vocaliques et parfois quantitatives radicales : ainsi, à une voyelle a d'aoriste correspond une voyelle u de prétérit, à une voyelle zéro d'aoriste une voyelle pleine de prétérit, à une radicale brève d'aoriste une radicale longue de prétérit, etc. Il existe ainsi plusieurs systèmes d'alternances qui ne s'excluent pas nécessairement et qui, toujours partiels, ne réunissent jamais l'intégralité des possibilités fournies par les quatre états de la voyelle et l'alternance quantitative radicale. Ces systèmes d'alternance, nous les constatons, mais nous ne les expliquons pas. Nous observons simplement que l'alternance simple étant souvent l'apanage de bilittères et l'alternance double de monolittères, elles donnent l'impression, en pareil cas, d'être liées à une chute de consonnes radicales, sans d'ailleurs que, de l'alternance, nous puissions généralement inférer l'articulation de la consonne qui serait tombée. Mais en outre, une grande série, celle des verbes de qualité, ne se prête pas à pareille spéculation.

Si certaines des conjugaisons ainsi formées prêtent à variations dialectales, soit par modification évolutive, soit par tendances à la disparition, il n'en reste pas moins que le système, dans son principe, est panberbère et que rares sont les cas de formules insolites strictement régionales.

Un grand problème encore est celui du rapport formel des différents thèmes d'une même racine. On les a longtemps traités comme s'ils étaient autonomes. En fait ils s'articulent en conjugaisons et, sous réserve de rencontres fortuites et surtout d'accidents, on peut toujours, dans le principe, déduire d'un thème les autres thèmes du même verbe.

Nous ne saurions dresser ici un tableau complet de toutes les conjugaisons (Foucauld en distingue plus de cent en touareg Ahaggar) ni les suivre dans leurs évolutions à travers les parlers. Nous nous contenterons à titre d'exemple de signaler les principales avec quelques aperçus sur leur permanence ou leur transformation et en négligeant les faits particuliers aux Touaregs.

La plus vivante est en même temps la plus identique de bout en bout de la Berbérie. De racine trilittère à radicales brèves et à voyelle zéro, elle comporte un aoriste et un prétérit positif identiques, un prétérit négatif à sonante palatale devant la dernière radicale et, normalement, un aoriste intensif par allongement de la 2ème radicale, soit pour 'labourer' :

imp. aor. **əkrəz**, pp. **əkrəz**, pn. **əkriz**, imp. aor. int. **kərrəz**.

Quelque flottement cependant, selon les parlers et les verbes, pour le thème d'impératif-aoriste intensif, quelle que soit la raison de la présence ici d'autres formations.

Une autre, toujours à voyelle zéro, comprend des verbes à quatre unités consonantiques, soit 4 radicales brèves, 3 radicales dont la 2ème longue, 2 radicales redoublées. Aoriste, prétérit positif et prétérit négatif sont identiques. L'aoriste intensif est par préfixation de **tt**, avec, selon les parlers et selon les verbes, voyelle **a**, **i** ou **u**, voire **zéro** devant la dernière radicale. Soit, Chaouia Ait Frah, pour 'être grand':

 imp. aor. ǧə‛mər, pp. ǧə‛mər, pn. ǧə‛mər, imp. aor. int. ttǧə‛mar.

Une troisième conjugaison est constituée par des bilittères à 1ère radicale alternante, en ce sens que la 1ère radicale, longue et précédée d'un vocalisme zéro aux thèmes d'impératif-aoriste, de prétérits positif et négatif et d'impératif-aoriste intensif, est normalement brève et précédée d'une sonante vélaire à la forme à sifflante. En outre le nom d'action de la forme simple, dont les types sont variables suivant les verbes et les parlers, offre également, fondamentalement, une première radicale brève mais précédée, selon les cas, non seulement de voyelle **u**, mais aussi **i** et peut-être **a**. Prétérit négatif par sonante palatale devant la dernière radicale, aoriste intensif de la forme simple par préfixation de (t)t, soit pour **əffəɣ** 'sortir':

 imp. aor. **əffəɣ**, pp. **əffəɣ**, pn. **əffiɣ**, aor. int. **təffəɣ**, forme à sif. **ssufəɣ**, aor. int. **ssufuɣ**,

avec, dans **ssufuɣ**, possibilité de dissimilation dialectale de la 2ème sonante par la 1ère. — Une cinquantaine de verbes.

Une quatrième conjugaison comprend une alternance vocalique préradicale entre thème d'impératif-aoriste à voyelle **a** et thème de prétérit à voyelle **u**. Le prétérit négatif est à sonante palatale devant la dernière radicale, le thème d'impératif-aoriste intensif à préfixation de **tt** avec ou sans seconde voyelle **a**, reflet de la précédente, devant la dernière radicale, selon les cas. Cette conjugaison comprend surtout des bilittères à radicales brèves, une cinquantaine, de rares bilittères à 1ère radicale longue, ainsi **azzəl** 'courir', ou trilittères à radicales brèves, ainsi **aịzəǧ** 'bouillir'. Soit pour 'puiser (de l'eau)':

 imp. aor. **agəm**, pp. **ugəm**, pn. **ugim**, imp. aor. int. **ttagəm**.

Quelques exemples d'accidents dialectaux, par extension de **u** aux dépens de **a**. Mais surtout, quand la 1ère radicale est une sonante vélaire, ainsi **awi** 'porter, mener', **aụḍ**, 'arriver', la rencontre au prétérit des deux sonantes, **uwi**, **uwəḍ**, détermine des variations dialectales, soit que le groupe se maintienne, soit qu'il y ait dissimilation régressive, **iwi**, **iwəḍ**, soit au contraire qu'il y ait contraction labiale ou gutturale, **bbwi**, **ǧǧwi**. — Quand la sonante vélaire est 2ème radicale, ainsi **aru** 'enfanter', on rencontre également dialectalement, au prétérit, une dissimilation soit régressive, soit progressive: **uru, iru, uri**. A la forme à sifflante intervient, au moins à l'aoriste, un vocalisme **i**, imp. aor. **ssigəm** auquel répond, problème à résoudre, à l'aoriste intensif, un double **a**: **ssagam**. La forme à sifflante présente d'ailleurs çà et là des réfections en fonction du vocalisme de la forme simple. Cette conjugaison, en dehors des trois timbres de la voyelle pleine, utilise encore l'allongement radical dans le nom d'action: ainsi, dialectalement, fondamentalement ou non, **aǧǧwaị** (de **awi**).

Une cinquième conjugaison qui comprend elle aussi une cinquantaine de verbes, est constituée par des bilittères à voyelle zéro au thème d'impératif-aoriste mais à voyelle post-radicale pleine au thème de prétérit. Du point de vue dialectal, c'est l'une des plus importantes en raison des variations vocaliques de son prétérit et du flottement apparent de son impératif et de son aoriste intensifs. Au prétérit les deux 1ères personnes du singulier ont voyelle **i** dans tous les parlers. Mais si, dans un premier groupe, le prétérit a une voyelle **a** à toutes les autres personnes, ailleurs il a voyelle **a** ou **u** en finale absolue (3ème pers. du masc. et du fém. sing., 1ère pers. com. du plur.), voyelle **i** devant désinence (2ème et 3ème pers. du plur.) ou encore voyelle **i** à la 2ème pers. et voyelle **zéro** à la 3ème, ou encore voyelle **zéro** aux 2ème et 3ème pers. Enfin il peut être en **i** à toutes les personnes ou en **u** à toutes les personnes autres que la 1ère et la 2ème du singulier.[1] Soit pour **əns** 'passer la nuit':

Sg. 1c. 2c.		**nsi**			
Sg. 3 mf. Pl. 1c. . . nsa	nsa (ou) nsu			nsi	nsu
Pl. 2 mf. . . . nsa	nsi	nsi	ns	nsi	nsu
Pl. 3 mf. . . . nsa	nsi	ns	ns	nsi	nsu

D'autre part cette conjugaison a normalement son impératif et son aoriste intensifs de la forme simple par allongement de la 2ème radicale, avec ou sans voyelle post-radicale, **nəss, nəssa**, suivant une répartition dialectale. Mais comme dans nombre de parlers elle a plus ou moins totalement absorbé des bilittères d'une autre conjugaison ou encore accaparé comme thème d'impératif-aoriste intensif de la forme simple le thème d'impératif-aoriste intensif d'un dérivé à sonante vélaire interne, on peut dialectalement rencontrer dans un même parler, en présence des mêmes impératifs, aoristes et prétérits, trois formations d'impératif et d'aoriste intensifs. Soit par exemple, le prétérit négatif étant à sonante palatale post-radicale, pour les Chaouia Ait Frah et pour les verbes **əzḍ** 'tisser', **əzd** 'moudre', et **əns** 'passer la nuit':

imp. aor. **əzḍ**   pp. zḍi/a/i   pn. zḍi   imp. aor. int. **zəṭṭ**
         əzd   zdi/a/i   zdi   **zzad**
         əns   nsi/a/i   nsi   **ttnus**.

Une sixième conjugaison, de grande valeur dialectale également, oppose, suivant les parlers, un impératif et un aoriste à voyelle **u** post-radicale à un prétérit positif aux voyelles **i** et **a** post-radicales, **i** aux deux premières personnes du singulier, ou bien un vocalisme **a** à l'impératif à un vocalisme **i/a** à l'aoriste et au prétérit, **i** toujours aux deux premières personnes du singulier. Dans le premier cas, le prétérit négatif est en **i**, dans le second il est, en principe, identique au prétérit positif. L'aoriste intensif est par allongement de la deuxième radicale dans les bilittères à deuxième radicale brève et, pour les parlers à impératif en **a**, par préfixation de **tt** dans tous les autres cas. Cette conjugaison est surtout alimentée par des emprunts à l'arabe. Soit pour l'emprunt arabe signifiant 'bâtir':

en Kabylie:

imp. aor. **bnu**, pp. **bni/a**, pn. **bni**, aor. int. **bənnu**

---

[1] Le tableau que j'ai donné, pp. 60 et 61 de ma *Langue berbère*, ne tient malheureusement pas compte des divergences possibles entre 2ème et 3ème pers. du pluriel. En outre il est limité à une trentaine de parlers alors qu'il eût été possible dès ce moment-là d'en regrouper une centaine en tenant compte en particulier des matériaux personnels de Destaing dans sa *Note sur la conjugaison des verbes de forme C^1eC^2* (*Mémoires de la Société de Linguistique de Paris*, t. **21**, p. 139 sq.). Pour la répartition géographique des variantes de 3ème pers. masc. sing. et pl., au Sahara et au Soudan, voir André Basset, *La langue berbère dans les territoires du sud*, dans *Revue Africaine*, 1941, p. 69, 4ème croquis, et *La langue berbère au Sahara* dans *Cahiers Charles de Foucauld*, vol. **10**, 1948, p. 123, 4ème croquis.

et chez les Chaouia Ait Frah:

imp. **bna**, aor. pp. **bni**/a, pn. **bni**/a, **bni**, aor. int. **bənni**/a.

Nous terminerons cette série d'exemples par la conjugaison capitale et rarement altérée du verbe **ili** 'être' qui forme paire, dialectalement partielle, avec le verbe **ini** 'dire'. Tous les éléments ici sont soumis à alternance entre aoriste et prétérit, l'aoriste comportant une double voyelle **i** et une radicale brève, le prétérit une radicale longue et une voyelle post-radicale **i**/a, **i** toujours aux deux premières personnes du singulier. Le prétérit négatif est à sonante palatale post-radicale, l'aoriste intensif par préfixation de **tt**, soit:

imp. aor. **ili**, pp. **lli**/a, pn. **lli**, aor. int. **ttili**.

Les thèmes verbaux sont dotés de jeux de désinences qui s'appliquent indifféremment aux formes simple et dérivées.

L'un de ces jeux, rudimentaire, est celui de l'impératif et de l'impératif intensif. Il comporte une deuxième personne du singulier commune aux deux genres (masculin et féminin), une deuxième personne du pluriel avec différenciation du masculin et du féminin et, dans une certaine mesure, une première personne du pluriel commune en genre.

La deuxième personne du singulier est uniformément, quels que soient la conjugaison et le parler, caractérisée par l'absence de toute désinence, soit, par un indice désinentiel **zéro**. On y a donc le thème nu et quand le thème, ce qui est très fréquent, ne comporte ni élément dérivatif, ni vocalisme plein, le radical nu, sous réserve d'un vocalisme zéro relatif. On rencontre donc, sous cette dernière réserve, usuellement en berbère, non seulement des mots-thèmes, mais aussi des mots-racines. C'est à cause de cette absence de tout élément désinentiel que les berbérisants ont pris l'habitude d'énoncer le verbe par sa 2ème pers. du sing. de l'impératif. Il va de soi que tous les impératifs ne sont pas également usuels et qu'il y a dans cette façon de faire une part de virtualité: on est en effet amené parfois à dégager artificiellement cette deuxième personne qu'il n'est pas toujours aisé d'obtenir au cours de l'enquête.

La 2ème pers. du masc. pl. est soumise à deux variations dialectales. Alors que, dans nombre de parlers, elle est caractérisée par une désinence suffixée **t**, affectée d'un vocalisme zéro, dans la Tachelhait, ce **t** est affecté d'un vocalisme **a**: **-at**. D'autre part, dans un certain nombre de parlers, au lieu de la désinence **-t**, on a une désinence **-m** à vocalisme zéro. La 2ème pers. du fém. pl. est partout de type **-mt** (**-mət** en Touareg, **-amt** dans la Tachelhait).

Quand on sait qu'il existe un indice de pluriel **t** que l'on retrouve dans le nom de parenté pl. **aịt** 'fils de' et aussi au pluriel commun en personne et en genre du prétérit (voir ci-dessous), on peut penser que **-t**, spécialisé actuellement, à l'impératif, pour le masculin pluriel, devait être antérieurement un indice de pluriel commun aux deux genres et qu'il devait y avoir, simplement, une opposition sg./pl. **zéro/-t**, sans caractérisation de personne ni de genre. La différenciation du genre au pluriel, comme à l'aoriste, mais non au singulier, comme à l'aoriste également, aurait entraîné la spécialisation pour le masculin de l'indice commun et la création d'un féminin. Ce féminin aurait pu être obtenu par la suffixation d'un **t** de féminin au **t** de pluriel, ce qui n'eût pas été impossible, nous en avons des témoignages sinon identiques, du moins analogues, mais il l'aurait été par un autre procédé, également plausible, la transposition à l'impératif des éléments désinentiels suffixés de la 2ème personne du féminin pluriel de l'aoriste. Cela témoignerait de la forte prédominance de l'aoriste dans le système des thèmes et de la tendance à uniformiser le système désinentiel verbal d'après le sien. Nous disposons d'ailleurs d'autres indices concordants.

En dehors de la 2ème personne qui est la personne usuelle de l'ordre et de la défense, on recourt à l'aoriste, précédé de particule **ad**, mais il s'est créé une première personne commune du pluriel par l'adjonction à la 1ère pers. com. du plur. de l'aoriste, de la désinence t de la 2ème personne (du masc.) pl. de l'impératif. Les emplois en sont d'ailleurs si peu fréquents que le phénomène peut échapper à la conscience du sujet parlant, comme nous avons pu en faire l'observation pour le parler Chaouia Ait Frah. Il importerait de vérifier l'aire d'extension de ce dernier phénomène qui n'est pas local, comme le prouve sa présence, au moins, en Kabylie.

Il existe, pour une catégorie de verbes, appelés traditionnellement verbes de qualité ou verbes d'état, un jeu désinentiel particulier pour le prétérit. Ce jeu a disparu dans nombre de parlers où les désinences, que nous considérons d'aoriste, sont uniformément appliquées à tous les prétérits. Il survit encore partiellement dans les parlers orientaux, ainsi à Sokna, aux 3ème pers. du sing. et, avec flottement, du pluriel : l'enquête de M. Sarnelli est probante à cet égard. En touareg, comme l'indiquent très nettement les notations de Foucauld, il ne survit plus qu'à la 3ème pers. du sing. et au participe. Enfin en Kabylie, la question des 1ère et 2ème pers. du sing. étant réservée, il subsiste intégralement. Il est caractérisé par une désinence **zéro** de 3ème pers. du masc. sing., une désinence **-t**, suffixée, de 3ème pers. du fém. sing., enfin une désinence **-it** commune aux 3 personnes et aux deux genres pour le pluriel. Ces deux désinences 3 sf. -t et pl. c. -it posent un problème en ce sens que, dans les parlers orientaux, on a inversement -it ou -yət pour le fém. sing. et -t pour le pluriel. Le -t de 3 sf. est un indice de féminin et celui de pluriel un indice de pluriel (voir ci-dessus, p. 19). Sous réserve de la qualité consonantique ou vocalique de base de la sonante palatale, on aurait ainsi, dans les deux cas, avec répartition dialectale, -t capable de vocalisme zéro ou de vocalisme i, et si l'on joint le t d'impératif pluriel, on aurait également le témoignage de **-t**, indice de pluriel, capable de vocalisme a (Tachelhait). Quant à la 1ère pers. du sing., avec son γ suffixé, elle ne se distingue pas de la 1ère pers. de l'aoriste, et la 2ème personne, avec, en Kabylie, son **d** suffixé, comporte, à défaut de l'élément préfixé, le même indice suffixé que la 2ème pers. sing. com. de l'aoriste : aussi peut-on penser à une action déjà exercée par l'aoriste sur le prétérit pour ces deux personnes, même en Kabylie. Ces observations, jointes à la tendance de ce système de prétérit à disparaître, concordent avec les remarques déjà faites, à propos de l'impératif, sur l'extension croissante en berbère du système désinentiel d'aoriste aux dépens de tout autre système désinentiel verbal. Et le problème se pose de savoir si ce qui nous apparaît comme un système particulier à une catégorie de prétérits, et de plus, dans cette catégorie, à la seule forme simple, n'était pas antérieurement le système désinentiel de tous les prétérits.

Le système d'aoriste, applicable à tous les aoristes et tous les aoristes intensifs, à quelque forme que ce soit, et à tous les prétérits, sous les réserves du paragraphe précédent, a au singulier trois personnes, avec distinction de genre à la 3ème personne seulement, au pluriel trois personnes également, avec distinction de genre aux 2ème et 3ème personnes. Point de duel, de triel, etc. Les indices, en dépit de quelques nuancements dialectaux, en général insignifiants, sont d'une admirable uniformité pour l'ensemble de la Berbérie.

A la 1ère pers. du sing., commune aux deux genres, un -ɣ suffixé, susceptible, ici et là, d'altérations phonétiques telles qu'assourdissement, x, ou même, par un glissement étrange en berbère, passage à '. — A la 2ème pers. du sing., également commune aux deux genres, un préfixe t- et surtout, en même temps, un suffixe dental qui présente les trois variantes ḍ, d et ṭ, t dans la Tachelhait, ḍ en Grande Kabylie, d ailleurs. Toutefois chez les Touaregs Ioullemmeden, au moins, ɣ sans doute par analogie de la 1ère personne. Le suffixe est constant, le préfixe moins stable. La question mériterait d'être examinée de près. — A la 3ème pers. du sing., préfixe y au masculin, t au féminin. t est bref et, partant, suivant les parlers, soumis aux altérations de t bref vers la spirante interdentale et le simple souffle. Nous ne pensons pas toutefois qu'il aille jusqu'à disparaître complètement, en raison de son importance morphologique. Au masculin, la sonante palatale est consonne, comme toutes les désinences. Quand elle est voyelle, c'est par position. Parfois, nous a-t-il semblé, chez les Touaregs par exemple, elle est peu ou pas sensible, altération plutôt que résidu d'état ancien. — Au pluriel, l'indice de 1ère personne commune en genre est n préfixé. L'indice de 2ème pers. est t préfixé et m suffixé pour le masculin, mt (mət) pour le féminin. Pour le préfixe, même remarque que pour la 2ème pers. du sing. Enfin l'indice de 3ème pers. est n suffixé pour le masc., nt pour le fém. (touareg nət, Kabylie, partiellement, -tt<-nt).

Il est clair que la 2ème pers. du fém., au pl., est refaite sur le masc. correspondant par l'adjonction d'un indice t de fém. Aussi peut-on penser que la distinction de genre est ici secondaire, t-m, spécialisé pour le masc. et n'ayant rien de spécialement masculin, ayant été antérieurement désinence commune. La même observation vaut pour la 3ème pers. du pl.

Les désinences de 1ère et 2ème pers., au sing. et au pl., échappent actuellement à toute analyse. On ne peut faire que les constatations suivantes sur un plan au moins statique : l'unique élément ou l'élément stable par excellence est, sauf pour la 1ère pers. du pl., suffixé, mais si n de 1 pl. com. était suffixé, il y aurait confusion avec la 3ème pers. du pl. masc. ; l'unique élément de 1ère pers. et l'élément stable de 2ème pers. sont, au pl., les deux formes de base de la nasale: nasale dentale à la 1ère pers., nasale labiale à la 2ème et, au sing., pour la 1ère pers., la vélaire spirante, pour la 2ème une dentale, emphatique en Kabylie. Si l'on admet dans ce second cas une opposition d'articulation antérieure/postérieure, en particulier emphatique/vélaire, on serait en présence d'une double relation oppositive, accidentelle ou non.

Pour les 3èmes pers., on constate que -n, en pareille position, est un indice de pluriel, et même l'indice de pluriel le plus vivant, que l'on retrouve au participe, dans le pronom personnel et surtout dans le nom. Au fém. sing., t- coïncide avec l'indice de genre fém. Par suite, au masc. sing., la sonante palatale peut être un indice de genre masc., variante de la sonante vélaire qui, elle, est bien attestée dans le nom et surtout dans le pronom démonstratif comme un indice de masculin. S'il en est bien ainsi, à la 3ème pers., les indices de sing. seraient des indices de genre et celui de pluriel un indice de nombre. Les 3èmes pers. ne seraient pas fondamentalement des personnes et les seules désinences proprement personnelles, celles de 1ère et 2ème pers., seraient en base insensibles au genre. Enfin la 3ème pers. serait elle-même sensible au genre au sing. mais non, en base, au pluriel. Ceci ouvrirait des horizons fort intéressants pour l'étude du pluriel berbère. Nous rencontrerons d'ailleurs par la suite des observations qui concordent avec ces vues.

Dans les propositions interrogatives dont l'élément interrogatif est sujet, dans les propositions à valeur relative dont l'antécédent est sujet, quel que soit le thème, aoriste et aoriste-intensif, prétérits positif et négatif, voire intensif, le verbe se met à ce que nous appelons le participe. Ce participe est caractérisé par un jeu de désinences particulier, soumis à un double phénomène de variations dialectales.

D'une part, il est soit invariable en genre et en nombre, soit variable en nombre mais non en genre, soit enfin variable en genre au singulier avec pluriel commun. Le 3ème cas est celui des Touaregs Ahaggar, le 2ème celui de la Tachelhait et le 1er celui de la Kabylie ou du pays Chaouia. Un bienheureux accident qui nous conserve, en Kabylie, comme nom, un ancien pluriel de participe **addaịnin**<**ddaịnin** 'l'étable',[1] nous permet de penser que l'état touareg est l'état ancien, conformément, entre autres, aux vues précédentes sur la différenciation du genre au singulier mais non au pluriel.

Sous les réserves du paragraphe suivant, quand le participe est invariable en genre et en nombre, il est uniformément caractérisé par les indices **y-** préfixé et **-n** suffixé. Quand il est seulement variable en nombre, les indices **y-n** sont ceux du singulier, le pluriel étant en **-n-in** suffixé. Quand il est variable en nombre et en genre, les indices **y-n** sont ceux du masc. sing., ceux du fém. sing. étant **t-t** et le pluriel commun étant encore en **-n-in**. Enfin là où subsiste la conjugaison particulière des prétérits de verbes de qualité, au sing., le masc. ne comporte que le suffixe **-n** et le fém. le suffixe **-t**, le pluriel restant en **-n-in**.

D'autre part, dans certains parlers, indépendamment de la catégorisation précédente, quand le participe est précédé d'une particule verbale, soit seulement la particule négative (ainsi en Kabylie), soit également particule négative et particule d'aoriste (ainsi Chaouia Ait Frah), l'élément suffixé du singulier ou commun de nombre devient préfixé, soit avec maintien de l'élément déjà préfixé (ainsi Chaouia **ny-**), soit sans maintien de cet élément (ainsi Kabylie **n-**). Qui plus est, si le verbe est accompagné des affixes dont nous parlerons plus loin, dans certains parlers, l'élément mobile est non pas directement préfixé à la forme verbale, mais aux affixes (ainsi Touareg Ahaggar, masc. sing. **n...y-**, fém. sing. **t...t-**).

On a déjà proposé diverses explications de ce participe. Partant de **y-**, on a voulu y voir un élargissement de la 3ème pers. du masc. sing., sans justification, au demeurant, de **-n**; partant inversement de **-n**, on a voulu y voir un élargissement de la 3ème pers. du pl., mais alors sans justification de **y-**. G. Marcy, partant, à son tour, du caractère de mobilité de l'élément suffixé, a voulu y voir un ancien pronom sujet, mais sans justification de **-n** ou de **-t** comme éléments pronominaux et sans considération du pluriel. En somme aucune des hypothèses émises jusqu'ici ne paraît satisfaisante.

Enfin il y a encore lieu de tenir compte, au moins dans certains parlers, d'une tendance à la disparition du participe, peut-être variable suivant qu'il s'agit du prétérit ou de l'aoriste.

[1] Cf. André Basset, *Le nom de l'étable en Kabylie et la flexion du participe*, dans *Bulletin de la Société de Linguistique de Paris*, t. 39, 1938, pp. 177-8.

Le Nom

Le verbe berbère ne comprend pas seulement les thèmes analysés précédemment mais encore des thèmes nominaux. A chaque forme verbale simple ou dérivée correspond au moins un thème nominal, à savoir 'le nom d'action'. Mais tout en étant de beaucoup le plus usuel, le nom d'action est loin d'être toujours le seul nom d'une forme verbale.

Aux formes verbales dérivées le nom d'action paraît normalement formé par la seule préfixation d'une voyelle. A la forme simple les faits sont beaucoup plus complexes, mais en attendant une étude, délicate au demeurant, de la question, on peut déjà considérer que les variations formelles sont étroitement liées, en base, aux divers types de conjugaisons. La chose apparaît avec une raideur toute particulière en touareg Ahaggar, d'après Foucauld.

A côté des noms aisément reconnus et reconnaissables comme noms verbaux, il en existe une masse plus volumineuse peut-être, dont quelques-uns sont décelés progressivement comme anciens noms verbaux, mais dont on ne saurait affirmer sans quelque arbitraire, emprunts réservés, qu'ils aient tous été noms verbaux à l'origine. Peut-être arrivera-t-on à dissocier des types entre ces deux catégories, ce qui n'est pas sûr au demeurant. Quoi qu'il en soit, en l'état actuel de nos connaissances, on peut, sans inconvénient apparent, les étudier simultanément.

Une fois le thème constitué, le nom berbère est soumis à trois catégories de variations : l'une intéresse le genre, la seconde le nombre, la troisième ce que nous appelons l'état.

Le nom berbère comporte deux genres matériellement discernables. Hormis la toute petite classe des noms de parenté, tout nom féminin commence obligatoirement par un **t** bref indice de féminin. Dans les parlers à tendance spirantisante de la dentale, ce **t** bref, s'il n'est pas conditionné, devient θ et régionalement même passe à **h** et même à zéro. S'il y a, dans ce dernier cas, une apparence possible de nom masculin, ainsi Beni Menacer **vuδyi** (<**tabudyi**) 'pouliche', la confusion est vite dissipée grâce à la présence du conditionnement de **t**, alors maintenu, et même maintenu occlusif.

Au singulier, mais non au pluriel, les noms féminins ont également un **t** désinentiel suffixé : ainsi **t-amɣar-t** 'la vieille femme', d'où, régionalement, 'la femme'. Ce **t** est immédiatement perceptible sauf accident phonétique secondaire. Ainsi, par suite d'assimilations, -**nt**>-**nn** chez les Izayan ou encore -**kt**>-**k**, -**ɣt**>-**q** chez les Touaregs Ahaggar. Sa présence est constante pour tout thème terminé sur consonne. Par contre les thèmes terminés par **a** ou **i** ne l'ont généralement pas : **taɣma** 'cuisse', **timmi** 'sourcils'. Nous avons pensé un moment que ce **t** final, caractéristique du singulier, mais non du pluriel, pouvait, de ce fait, ne pas être un indice de féminin, mais par exemple de singulatif. Toutefois, si l'on admet notre hypothèse d'un état antérieur où la distinction de genre n'avait pas lieu au pluriel, mais au seul singulier, rien ne s'oppose alors à reconnaître un indice de féminin également dans ce **t** final de singulier. Reste à savoir pourquoi des noms terminés sur certaines voyelles ne le comportent pas. Reste à savoir également pourquoi ce double indice de genre, la réponse, pour ceux qui admettent ce point de vue, étant que l'initiale représenterait un ancien démonstratif agglutiné.

Quelques noms enfin ont accidentellement changé de genre et de nombre. Ainsi le fém. sing. **tarwa** peut se rencontrer construit en masc. pl., parce que ce nom d'action du verbe **aru** 'produire, enfanter' a pris, à côté du sens d'"enfantement", celui de 'progéniture', puis d'"enfants'. De même le masculin singulier **ulli** est encore plus fréquemment construit en fém. pl. parce que ce collectif désignant 'le troupeau de moutons' a pris la valeur de 'brebis' (au pl.), les troupeaux étant essentiellement composés de femelles.

Les noms de parenté n'ont pas de caractéristique formelle de genre. Ils sont masculin ou féminin suivant qu'ils désignent un individu de sexe masculin ou féminin. Ils ne sont d'ailleurs pas de type morphologique nominal, mais sont bâtis selon des formules expressives qui ne leur sont pas nécessairement particulières. Ainsi, **əmmi** 'fils' se superpose exactement, formellement, au démonstratif **ənni**. Le type grammatical des noms de parenté n'intéresse qu'un nombre limité de relations : père, mère, fils, fille, partant frère, sœur, littéralement 'fils de mère', 'fille de mère', et aussi grand-père, grand'mère. Les oncles et les tantes, avec différenciation des côtés paternels et maternels, sont le plus souvent, sinon toujours, désignés par des emprunts à l'arabe, les neveux et les nièces par des combinaisons. Enfin avec les liens par le mari (Kabylie: **alus**) ou par la femme (Kabylie: **aḍuggʷal**), nous retombons dans le vocabulaire nominal usuel.

Si nous négligeons provisoirement la voyelle initiale (voir p. 26), le rapport de nombre se traduit de deux façons nettement différentes. Dans l'un des cas, le thème de pluriel est caractérisé par une voyelle **a**, généralement avant, mais parfois aussi après la dernière consonne radicale : **asərdun** 'mulet' pl. **isərdan**, **aẓru** 'roche' pl. **iẓra**. Dans certains cas on a non seulement voyelle **a** en pareille position, mais aussi voyelle **u**, parfois même **i**, dans la syllabe précédente : **aɣadir** 'magasin fortifié' pl. **iɣudar**, **tamazirt** 'jardin' pl. **timizar**. **a**, **u-a**, **i-a** apparaissent au pluriel quel que soit le vocalisme de singulier en position correspondante. En Kabylie, dialectalement, au pluriel en **a** se substitue fréquemment le pluriel en **ya**: **agənduz** 'veau' pl. **igundyaz**, **θasirθ** 'moulin' pl. **θisyar**. On remarquera expressément que, dans cette formation de pluriel, l'initiale étant toujours réservée, il n'y a aucune différence entre noms masculins et féminins, comme s'il s'agissait d'une survivance d'époque à pluriel commun.

Dans l'autre cas, le pluriel est formé, non plus par vocalisme et par opposition de thème entre singulier et pluriel, mais par adjonction d'une désinence suffixée au thème de singulier. Ce suffixe est **n**, affecté des voyelles **a**, **i** ou **zéro**. **n** avec voyelle **i**, **-in**, est l'indice, nettement perçu comme tel, du pluriel féminin, **-ən** et **-an** sont perçus comme des indices de pluriel masculin, **ən** étant beaucoup plus usuel que **-an**: ms. sg. **amɣar**, ms. pl. **imɣarən**, fém. sg. **tamɣart**, fém. pl. **timɣarin**. Nous avons des témoignages patents du caractère secondaire de cette répartition: un nom fém. pl. des plus importants dans la langue, **tiɣəṭṭən** 'les chèvres' est non en **-in**, mais en **-n**, et s'il a, dans certains secteurs, été régularisé en **tiɣaṭṭin**, **tiɣəṭṭən** est encore bien vivant. Mais plus généralement, nous avons déjà vu que, dans le participe, **n** affecté de **i, in**, était l'indice d'un pluriel commun et inversement à la 3ème pers. du pl. de l'aoriste et dans le pronom personnel, la différenciation des genres s'effectue non sur une opposition **n/in**, mais sur **n** affecté de voyelle zéro dans les deux cas, le féminin étant caractérisé par l'adjonction de **t**. Enfin, si notre analyse est exacte, **n** affecté de **i**, masc. **in**, fém. **int**, apparaît encore dialectalement aux deux genres dans certaines désinences d'aoriste.

Fém. **-in** répond usuellement à masc. **-ən**. En regard de masc. **-an**, le problème est plus complexe. Certains parlers ont purement et simplement fém. **-in: alyəm** 'chameau', pl. **iləyman**, fém. **talyəmt**, pl. **tiləymin**, mais d'autres ont fém. pl. **-atin: tiləymatin**. Cette dernière formation est caractéristique du caractère secondaire de l'affectation de **-an** aux seuls pluriels masculins. Certains parlers sont allés si loin que, dans le mouvement, se sont trouvés entraînés des noms, où, dans la terminaison masc. pl. **-an, n** était non désinence, mais partie intégrante du thème; ainsi, en Kabylie, **asərðun** 'mulet' pl. **isərðan** (**isərðyan**) a pour féminin **θasərðunt** pl. **θisərðaθin** (**θisərðyaθin**).

A côté des pluriels en **-ən, -an, -in**, il existe des pluriels masc. en **-wən, -awən, -iwən, -yən, -tən**, etc., fém. en **-win, -awin, -iwin, -yin, -tin**, etc. Il est remarquable que tous ces pluriels ont un **n** en finale absolue, **n** étant précédé de voyelle zéro, jamais **a**, au masculin et de voyelle **i** au féminin. Ceci, à lui seul, déjà, militerait en faveur de leur caractère secondaire. On peut en effet, vraisemblablement, les considérer comme des dérivés de pluriels en **n**, dérivés par fausse coupe, étendus analogiquement. Ainsi à un masc. sing. **aməksa** 'berger' et à un masc. pl. **iməksawən** répond un fém. sing. **taməksaut̪** et un fém. pl. **timəksawin**. Il est clair que **w**, maintenu au masc. pl. et aux fém. sing. et pl., parce que n'étant pas en finale, est tombé au masc. sing. comme deuxième élément de diphtongue en finale absolue. Il en est de même pour **y** dans masc. sing. **ayərda** 'rat', masc. pl. **iyərdayən**, fém. sing. **tayərdai̪t**, fém. pl. **tiyərdayin**.

Quant aux pluriels en **tən**, il est patent qu'en Ahaggar les noms d'action des verbes à suffixe **t** se terminent au singulier sur **-i**, au pl. sur **-tən**, si bien que **-t-ən** donné l'impression d'une désinence **-tən**. D'autre part, nous avons déjà vu que, dans le verbe, à côté d'un indice de pluriel **-n**, particulièrement vivant, il existe des résidus d'un suffixe de pluriel **t** qui se retrouve encore dans le nom de parenté **ai̪t** pl. de **u** 'fils de'. On peut donc penser que **-t** indice de pluriel a été éliminé de la flexion nominale et que cette élimination a pu se faire, entre autres, par adjonction de **n** à **t**, contribuant ainsi à la formation du type **-tən**.

Les formules précédentes sont les plus usuelles et se retrouvent, selon toute probabilité, dans tous les parlers. Mais il en est d'autres encore qui mériteraient d'être éclaircies en soi et géographiquement. Parmi ces dernières, nous retiendrons celles qui comportent entre autres caractères une variation quantitative radicale (voir p. 9), soit qu'à une brève de singulier réponde une longue de pluriel ou à une longue de singulier une brève de pluriel: dans le premier cas, **afus** pl. **ifassən** 'main', **asif** pl. **isaffən** 'rivière', etc., dans le deuxième: **aḍuggwal** pl. **iḍulan** 'parent par la femme', **agəṭṭum** pl. **iguḍman** 'baguette', etc.

Par principe, à un singulier donné répond un pluriel donné, quel que soit le parler, ce qui est un trait caractéristique de l'unité profonde de la langue. En fait il se produit d'assez fréquentes variations, souvent accidentelles et l'on se méfiera beaucoup à cet égard des données des lexiques, celles des textes étant sensiblement plus sûres: questionné à brûle-pourpoint l'informateur est capable de forger un pluriel différent de celui qu'il emploie normalement. Il est susceptible d'ailleurs de flotter entre deux types de pluriel comme l'a fait notre informateur Chaouia Ait Frah qui, dans le même texte, à quelques lignes d'intervalle, en regard du sg. **aɣəggwad** 'jardin' a d'abord écrit pl. **iɣudan**, le plus fréquent chez lui, puis **iɣəgguda**, visiblement refait, avec, entre autres, élimination de l'alternance quantitative radicale. Enfin la variation dans la formation du pluriel peut répondre à une répartition dialectale, ainsi de **idrarən** et **idurar** en regard du sing. **adrar** 'montagne'.

En dehors du genre et du nombre, on distingue dans le nom berbère deux états: l'état libre et l'état d'annexion. Est, en particulier, à l'état d'annexion, le nom précédé d'une préposition, le nom complément de nom dans les cas dialectaux où le nom masculin complément de nom n'est pas précédé de préposition, enfin le sujet du verbe placé après verbe. En somme est à l'état d'annexion le nom qui fait étroitement corps avec le mot qui le précède. Est à l'état libre le nom placé dans les conditions contraires, en particulier, le régime direct du verbe, et le nom placé en anticipation, anticipation de sujet ou de régime. Chose étrange, est également à l'état libre tout adjectif en emploi d'adjectif non seulement attribut, mais épithète, que ce dernier, post-posé, qualifie un substantif aussi bien d'état d'annexion que d'état libre.

Le problème formel de l'état est spécialement lié à celui de la voyelle initiale qui, lui-même, intéresse à la fois le pluriel et l'état.

A l'état libre, quel que soit le nombre, tout nom berbère, sauf quelques réserves, commence sur voyelle pleine. Cette voyelle est en initiale absolue au masculin, précédée de t au féminin (voir p. 23). Les réserves concernent essentiellement un très petit groupe de noms qui, au masculin, commencent directement sur la première consonne radicale, ainsi, parmi les noms verbaux, **bəttu** 'partage' de **bḍu** 'partager', **laẓ** 'faim', **fad** 'soif', et parmi ceux qui, apparemment, ne sont pas verbaux, **səksu** 'couscous'. Ce phénomène, quelle que soit sa raison d'être, est évidemment très ancien et ces noms ne comportent pas de distinction d'état. Mais il faut se garder de confondre avec eux ceux qui subissent la chute dialectale de la voyelle initiale à l'état libre singulier. Il s'agit là d'un fait conditionné, semble-t-il, et avec quelque nuancement, quand la consonne qui suit immédiatement la voyelle initiale est brève et est elle-même suivie immédiatement d'une voyelle pleine. Ainsi Chaouia Ait Frah, **fus**<**afus** 'main', **ɣil**<**aɣil** 'avant-bras', **ḍar**<**aḍar** 'pied', **maḍun**<**amaḍun** 'malade', **tfuçt**<**tafukt** 'soleil', mais **insi**<**inisi** 'hérisson', et aussi, par une subtile différenciation à base sémantique, **aɣil** 'coudée'. Ces derniers ont un état d'annexion sing. et pl. sans particularités, même dans les parlers où la voyelle tombe à l'état libre singulier.

Le jeu de cette voyelle initiale, dans la relation sing./pl., obéit à trois formules. Dans l'une, la voyelle **a**, **i** ou **u** de sing. se retrouve inchangée au pluriel. Dans une seconde, à une voyelle donnée de singulier répond une voyelle donnée, différente, de pluriel, ainsi **a** de pl. à **i** de sing., **u** de pl. à **a** de sing. ou encore **i** de pl. à **a** de sing., ces deux derniers cas très rares. Enfin, dans la troisième, à une voyelle **a** ou **i** de sing. répond uniformément une voyelle **i** de pluriel. Dans la relation état libre/état d'annexion, dans les deux premiers cas, la voyelle de l'état libre se maintient à l'état d'annexion et dans le troisième elle tombe. Tout ceci identiquement au masculin et au féminin. Il peut y avoir en fait dissociation entre la relation de nombre et la relation d'état, entre le masculin et le féminin, mais ce sont alors des accidents. Le plus considérable de ces accidents concerne les noms masc. sing. en **i** où une certaine confusion s'est introduite entre les deux catégories sg. **i**/pl. **i**.

Les faits touaregs sont admirablement clairs. Toutefois cette situation, en principe pan-berbère, sous la réserve que nous allons présenter au paragraphe suivant, pourrait être en voie de dégradation dans les parlers extrême-orientaux si nous en jugeons par les enquêtes dont nous disposons.

Alors que, dans le rapport état libre/état d'annexion, tous les parlers ne connaissent pour le féminin que la loi de maintien ou de chute de la voyelle, pour le masculin ils se divisent en deux groupes. Les uns, ainsi les parlers touaregs, ne connaissent pour le masculin que cette unique loi. Les autres y ajoutent la préfixation d'une sonante vélaire à l'état d'annexion sing. et pl., que la voyelle d'état libre reste ou tombe à l'état d'annexion. Par suite d'accident phonétique, la sonante vélaire reste vélaire devant voyelle **a** et **u** et devant voyelle **zéro** dans le cas où la voyelle d'état libre est **a**, mais passe à la sonante palatale devant voyelle **i** et devant voyelle **zéro** quand la voyelle d'état libre est **i**. Il en résulte qu'avec préfixation de sonante palatale devant voyelle **zéro**, l'état d'annexion finit par être identique, en apparence, mais en apparence seulement, à l'état libre correspondant, soit dans la grande majorité des masculins pluriels.

Autre variation dialectale, bien caractérisée en Kabylie et en Kabylie seulement, mais dont une étude attentive fera apparaître l'amorce en d'autres parlers encore, au masculin quand le nom est complément de nom sans préposition, il passe, en certains cas, à l'état d'annexion renforcé: la sonante vélaire passe à **bb(w)** et la sonante palatale à **gg**. Sous réserve de confusion pour les noms à voyelle **i** constante, le passage à **bb(w)** et à **gg** a lieu dans les noms à voyelle constante, c'est à dire dans ceux dont la voyelle reste à l'état d'annexion. Il a lieu aussi dans les noms à voyelle non constante, c'est-à-dire dans ceux dont la voyelle tombe à l'état d'annexion, mais à la condition que la 1ère consonne soit longue ou que les deux premières consonnes se suivent immédiatement, non seulement sans voyelle pleine, mais aussi sans le moindre élément vocalique (degré zéro relatif) entre elles. On reste quelque peu surpris de l'alternative entre deux conditions de nature aussi différente.

Reste le problème fondamental du double traitement de la voyelle initiale à l'état d'annexion, constante ou non. La non-constance est le cas normal et d'ailleurs le plus fréquent; la constance l'accident. L'observation du nom verbal nous en fournit l'explication décisive. Sous réserve de quelques perturbations secondaires, tout verbe ne comportant pas d'alternance vocalique pré-radicale, a un nom à voyelle pré-radicale non-constante. Ont au contraire des noms verbaux à voyelle pré-radicale constante les verbes à alternance vocalique pré-radicale. Toutes les fois que la voyelle initiale cesse d'être pré-radicale pour être pré-formative, c'est-à-dire quand elle précède directement non la première radicale mais une consonne formative, elle est non constante quelle que soit la conjugaison. Enfin dans les emprunts arabes berbérisés, sous réserve de cas particuliers et d'accidents, elle est normalement non constante. Dans cette dernière catégorie, on ne saurait trop être en garde contre certaines notations de noms à 1ère radicale pharyngale: les enquêteurs y ont souvent noté, comme ils l'auraient fait d'une voyelle **a** constante, une coloration **a** d'un degré zéro relatif. Il est d'ailleurs possible qu'il puisse y avoir parfois un réel glissement phonétique normalement confirmé en ce cas par le maintien de **a** au pluriel. Hors des noms verbaux et des emprunts nous manquons généralement de critères. Nous y avons néanmoins quelques témoignages formels du caractère accidentel de la voyelle constante. En voici deux exemples: **tala** 'source', **tili** 'brebis' à voyelle constante ont pour correspondants Ahaggar **tahala, tihili** à voyelle non constante comme si la constance résultait de la contraction de deux voyelles par suite de la chute d'une consonne intervocalique ou, pour réserver le problème de la 2ème voyelle, simplement de la compensation de la chute de la consonne. D'autre part à **arən** 'farine', **ari** 'alfa', **tasa** 'foie' à voyelle constante, correspondent en d'autres parlers **au̯rən/aggurən, au̯ri/agguri, au̯sa** à voyelle non constante, la constance résultant, par quelque processus que ce soit, de la réduction du groupe au̯.

Tous les parlers berbères, avec réserves pour les parlers touaregs, ont emprunté un nombre considérable de noms arabes. Parfois ces noms sont berbérisés et soumis par conséquent aux flexions du nom berbère. Mais le plus souvent ils sont utilisés avec leur type grammatical arabe, leur relation sg./pl. arabe et naturellement sans état: ainsi, Kabylie, **lkas** pl. **lkisan** 'verre'. Non berbérisés, ces noms ont la particularité de garder normalement, figé, l'article arabe, assimilé ou non selon les conditions mêmes d'assimilation en arabe. Ils sont donc immédiatement et formellement discernables, commençant soit par **l**, soit par consonne longue. Les chances de confusion formelle sont exceptionnelles, ainsi Chaouia Ait Frah **ḍḍufθ** 'laine'<**taḍuft**.

Bien que l'emprunt parallèle du singulier et du pluriel reconstitue en berbère la flexion arabe, celle-ci n'est cependant pas productive. Elle reste encore comme un corps étranger dans la langue. Néanmoins l'invasion massive de ces emprunts non berbérisés ouvre une large brèche dans le système morphologique nominal du berbère, et, partant, dans le système morphologique 'tout court' du berbère.

Les Noms de Nombre

Les noms de nombre interviennent dans la confusion du morcellement dialectal. Il existe en effet deux séries cardinales. L'une, la plus récente, étendue progressivement aux dépens de l'autre, est la série arabe. Selon les parlers, elle apparaît à partir de 3 généralement, parfois de 4, peut-être même de 5. Bien que 1 et 2 appartiennent partout à l'ancienne série, on voit cependant poindre l'emploi de 2 arabe, voire de 1, çà et là, en particulier dans les nombres composés. Cette série ne distingue pas le genre.

L'ancienne série qui n'est pas nécessairement berbère d'origine, parfois intégralement maintenue comme dans la Tachelhait ou chez les Touaregs, ailleurs limitée à 1, 2, 3, voire 4, et le plus fréquemment à 1 et 2, distingue le genre, le féminin étant marqué à partir de 3 par un **t** suffixé: masc. **kraḍ**, fém. **kraḍət** (ou **kraṭṭ**<**kraḍt**) '3', masc. **okkoẓ**, fém. **okkoẓət** '4', etc.

1 et 2 sont particulièrement délicats et intéressants, en raison, à la fois, des variations dialectales et de l'expression de genre.

Pour 2 coexistent deux variantes: d'une part le couple masc. **sən**, fém. **sənt**, d'autre part le couple masc. **ssin**, fém. **snat**. Il est clair que des deux c'est le second qui, en raison de son jeu vocalique, d'ailleurs obscur, doit retenir l'attention. C'est au demeurant celui des deux groupes particulièrement conservateurs, kabyle et touareg.

Pour '1' les variantes se multiplient: masc. **yan** (Tachelhait), **yiwen** (Kabylie), **yədʒdʒ** (Chaouia Ait Frah), etc., fém. **yat, yiwət, tiʃt**, etc. Il est remarquable que, dans les deux premiers cas, si le féminin est encore caractérisé par un **t** final, ce **t** n'est pas surajouté à la forme masculine correspondante, mais en alternance avec un **n** de masculin. D'ailleurs en Chaouia Ait Frah, on a aussi **yədʒdʒən** à côté de **yədʒdʒ**. Or une pareille relation formelle de l'expression du genre est, pour l'instant, sauf erreur, absolument isolée sauf dans le participe singulier touareg. Sans doute est-ce là l'origine de l'hypothèse toujours en suspens selon laquelle ce nom de nombre serait un ancien participe. En ce cas son origine verbale serait profondément oubliée car sa syntaxe usuelle n'est pas celle du participe. Chez les Chaouia Ait Frah, comme en maint autre parler, le nom de nombre, 1 compris, qui accompagne un nom, le précède normalement, ici avec insertion de la préposition **n** qui introduit le complément de nom, là directement.

A côté du nom de nombre cardinal il existe des formules pour exprimer la notion de 'tous les deux', 'tous les trois', etc., formules variables, encore très insuffisamment relevées et analysées; ainsi Chaouia Ait Frah masc. **isnin**, fém. **θisnin** 'tous les deux'. Il existe enfin des amorces ou, plus vraisemblablement, des reliquats de verbes en partant des valeurs 'être deux', 'être trois', 'être dix'. Si deux des exemples envisagés ont été relevés en touareg Ahaggar, le troisième, **sənunnət** l'a été en Kabylie au sens de 'répéter'.[1]

Pour le nom de nombre numéral, 'premier' s'exprime par un adjectif du verbe **izwir** 'être le premier'. A partir de 'second' se font concurrence des formules variées dont les deux principales font précéder le nom de nombre cardinal soit de masc. **wa n-**, fém. **ta n-**, soit de masc. **wi s**, fém. **ti s**: **wa n kraḍ, wi s kraḍ** 'le troisième', littéralement dans le premier cas 'celui de trois', dans le second 'celui au moyen de trois'. Comme nous a permis de le reconnaître une récente et belle étude de M. Benveniste, 'celui au moyen de trois' doit s'interpréter 'celui au moyen (duquel) trois (est complet)', le nom de nombre ordinal ayant, au départ, une valeur terminale.

Pour la fraction à numérateur 1: un tiers, un quart, etc. on emploie le nom de nombre ordinal précédé de **amur** 'portion', **amur wi s xəmsa** 'un cinquième'. On emploie aussi, au moins pour les premières, les formes arabes: ainsi **ttəlt** 'un tiers' et pour 'un demi' un nom **azgən**. **sin imurən, tlata imurən**, etc., sans plus, littéralement 'deux parts', 'trois parts', signifient 'deux tiers', 'trois quarts', etc. Quand le numérateur n'est ni 1 ni directement inférieur au dénominateur, on est obligé d'employer le tour allongé analogue, pour deux cinquièmes par exemple, à français 'il fit cinq parts, il en prit deux'.

Nous rappelerons enfin, sans plus, d'autres faits jusqu'ici rarement envisagés ou signalés comme les computs par 20 et par 5, 5 étant représenté par le nom de la main, l'expression du nombre approché, la non-expression de '1' dans le tour 'une chose ou deux'.

Le Pronom personnel

Si le pronom personnel pose encore maints problèmes de détail non encore élucidés, souvent d'ailleurs parce que les matériaux déjà recueillis ont encore été insuffisamment étudiés, s'il présente quelques variations dialectales, sa structure générale, en dehors de la question d'origine, reste claire.

On distingue un pronom isolé, c'est-à-dire autonome, nullement 'sujet' comme on

---

[1] Cf. sur ces derniers problèmes, André Basset, *Berbère isnin 'tous les deux'*, in *GLECS*, t. **4**, pp. 19-20 (séance du 23 mars 1946).

le dit encore trop fréquemment, mais intensif, destiné par son ampleur même à attirer l'attention et un pronom affixe, c'est-à-dire enclitique. Le pronom affixe se subdivise lui-même en 5 variétés: affixe après préposition, affixe de nom, affixe de nom de parenté, régime indirect et régime direct. Mais, sauf une difficulté à la 2ème pers. du pl., l'élément pronominal, dans les cinq variétés, est toujours le même et les nuancements de l'une à l'autre ne sont que secondaires. L'ordre dans lequel nous les avons énumérées n'est pas indifférent et si nous avons mis en tête la forme après préposition, c'est parce que c'est celle qui a l'avantage d'être la plus simple, et si nous avons mis le régime indirect avant le régime direct, c'est non seulement pour répondre à la position réciproque de ces deux pronoms dans la syntaxe, mais encore parce que l'étude formelle aussi y pousse. De plus le pronom régime direct a des emplois beaucoup plus variés.

L'élément pronominal est toujours un élément ou un groupe d'éléments consonantiques, lesquels peuvent être affectés d'un vocalisme préposé. Aussi les rares cas de pronoms voyelles peuvent-ils être toujours considérés comme secondaires et accidentels.

On s'est efforcé à maintes reprises de comparer ces éléments pronominaux aux désinences verbales: la comparaison a toujours été vaine; on en jugera d'ailleurs. La différenciation des genres, elle-même, dans le pronom, ne répond pas à celle des désinences personnelles, le pronom différenciant fondamentalement le genre à la 2ème pers. du sing. alors que la désinence personnelle y est commune, inversement le pronom ayant un élément commun à la 3ème personne du sing. alors que le verbe y différencie fondamentalement le genre.

Si nous considérons les personnes, une à une, nous constatons, à la 3ème personne du sing., que l'élément est **s** dans les affixes après préposition, après nom (sauf variation dialectale, touareg **t**), après nom de parenté et régime indirect, mais **t** dans le régime direct et le pronom isolé. **s** est partout solide, **t** susceptible de dégradation, non seulement jusqu'au spirantisme, θ, mais aussi jusqu'au souffle, **h**, et parfois jusqu'à zéro: c'est alors qu'on peut avoir le pronom représenté par la seule voyelle **i**. Chose curieuse, le passage à **h** est susceptible de se produire, dans le pronom isolé pluriel, dans des parlers où **t**, maintenu occlusif, est généralement solide. Au pronom isolé singulier, il n'en est nulle part question, **t** s'y trouvant long, sans doute par allongement intensif. **s** est toujours commun aux deux genres, **t** ne l'est généralement pas, l'élément pronominal, sans indice de genre, étant spécialisé, en ce cas, pour le masculin, le féminin constitué par l'adjonction d'un indice de féminin **t** suffixé. Au pronom régime direct, les deux **t** peuvent être séparés par un élément vocalique, ainsi touareg **tət**, mais généralement ils sont confondus en un **t** long. Cette opposition masc. t/fém. tt peut se résoudre en une opposition t/st (st<ts?) comme dans la Tachelhait. Mais surtout dans les parlers à tendance spirante des dentales, l'opposition brève/longue peut se ramener à une opposition, inattendue dans la structure berbère, spirante/semi-occlusive brèves ou spirante/occlusive brèves: θ/ts ou θ/t, ainsi, par exemple, pour le second cas, chez les Chaouia Ait Frah.

Le problème se pose de savoir si avec **s** et **t** l'on se trouve en présence de deux éléments pronominaux autonomes ou en présence d'un seul et même élément secondairement diversifié. Malheureusement l'observation des faits berbères, du moins sous leur forme actuelle, se prête mal à étayer une pareille hypothèse pourtant bien séduisante.

MORPHOLOGIE ET SYNTAXE

La 3ème pers. du masc. pl. recouvre exactement la 3ème pers. com. ou masc. du sing., avec la seule adjonction d'un suffixe **n**, évidemment indice du pluriel: sing. com. **s**, masc. pl. **s-ən**, sing. masc. **t**, pl. masc. **t-ən**. Toutefois, à l'affixe de nom touareg, à l'élément **t** (commun) de sing. répond pl. **s-ən** et au pronom isolé non seulement **t**, long au sing., est bref au pluriel, mais encore le vocalisme augmentatif de timbre **a** dans le premier cas, est de timbre **i**, et parfois partiellement **u**, dans le second. La 3ème pers. du fém. pl. recouvre exactement le masculin correspondant avec adjonction, après le suffixe **n**, d'un suffixe **t**, évidemment indice de féminin, soit masc. pl. **s-ən**, fém. pl. **s-ən-t**, masc. pl. **t-ən**, fém. pl. **t-ən-t**.

A la 2ème pers. du sing., l'élément pronominal est **k** (avec possibilité d'altération vers la chuintante: **ç**, voire **ʃ**) pour le masculin et **m** pour le féminin. On n'en peut rien dire pour l'instant. Nous signalerons plus loin des anomalies venant vraisemblablement de transferts d'une variété à une autre, ici, du pronom isolé au pronom régime direct.

A la 1ère pers. du pl. l'élément commun, non plus constitué par une consonne, comme précédemment, mais par deux, est **nəɣ**, avec possibilité dialectale et condition née de métathèse **ɣən** et aussi vraisemblablement avec possibilité d'extension du régime indirect au régime direct. En outre quelques apparitions sporadiques de différenciation de genre, fém. **ntəɣ**, pour certaines variétés et certains parlers. A remarquer, en ce dernier cas, l'étrange position de **t**.

La 2ème pers. du pl. est délicate. La différenciation de genre y est partout nettement marquée par un **t** suffixé au féminin. Par ailleurs l'élément pronominal, double, s'y présente en base soit sous la forme **w n**, soit sous la forme **k m**, la première, en majorité, semble-t-il, dans le pronom masculin, la seconde dans le pronom féminin, mais sans que cette répartition soit obligatoire. On peut envisager une opposition fondamentale de deux formes autonomes, mais aussi, et de façon fort tentante, quand on considère les diverses affinités phonétiques de ces quatre éléments, une opposition secondaire fondée sur une différenciation secondaire. L'opposition pourrait être, effectivement, en base, une opposition de genre, mais, peut-être aussi, comme pour **s** et **t** de 3ème pers., une opposition de régime.

Quant au pronom commun de 1ère pers. sing., c'est à la fois le plus obscur et le plus divergent dans ses variantes. Il paraît reposer sur une sonante palatale avec variante sonante vélaire, cette dernière suivie parfois d'une spirante vélaire, les variantes en question n'intéressant que le pronom après nom.

Le pronom isolé de 3ème pers., aussi bien au singulier qu'au pluriel, paraît clair. On y retrouve en effet aisément l'élément pronominal **t**, les indices de pluriel **n** et, le cas échéant, de féminin **t** dans une masse dont le reste peut, en toute vraisemblance, être considéré comme éléments augmentatifs. L'existence d'éléments augmentatifs aux autres personnes est indéniable, comme en témoignent amplement les éléments, dialectalement variables et encore séparables, des pronoms de 1ère et 2ème pers. sing., soit, pour la 1ère pers. commune, **nəkk, nəkk-i, nəkk-i-n, nəkk-i-n-i** ou (touareg) **ṅəkk, nəkk-u, nəkk-u-n-a-n**. Mais il est loin d'être aisé de discerner, dans la masse, l'élément pronominal tel que les variétés d'affixe permettent de le déterminer, pour chaque personne, chaque nombre et chaque genre.

Comme nous l'avons dit, il semble qu'il y ait eu quelques glissements d'une variété à une autre. Ainsi le pronom régime direct de 2ème pers. sing., masc. et fém. aurait été étoffé par substitution du pronom isolé correspondant: **kaỵ** au lieu de **k**, **kəm** au lieu de **m**. D'autre part, à la 1ère pers. du sing., le pronom régime direct, **iyi**, aurait été étendu au pronom régime indirect et, inversement, à la 1ère pers. du pl., le pronom régime indirect, **anəɣ**, au pronom régime direct.

Après préposition, le pronom paraît limité aux éléments pronominaux, avec vocalisme zéro, et désinentiels, l'ensemble, pour des raisons de structure syllabique, précédé, le cas échéant, par un élément vocalique furtif. Toutefois, après quelques prépositions, apparaît un élément **a**, voire **at** (**fəllas** 'sur lui', **inɣratsən** 'entre eux') qui nous embarrasse considérablement. Mais, pour l'une d'elles au moins, **ddaw-as** 'sous lui', nous savons que la préposition n'est autre qu'une ancienne forme verbale, 3ème pers. masc. sing. d'un prétérit de verbe de qualité, régulièrement construite avec un pronom régime indirect: anciennement 'il-est-en-dessous à-lui'.

Après nom, dans tous les parlers, les éléments pronominaux, au pluriel, sont précédés d'un élément **n**. Il en est de même dialectalement au singulier. Bien que **n** soit le plus souvent nettement long, il est tentant d'y retrouver la préposition **n** (brève) introductive du complément de nom. Seul le pronom de 1ère pers. sing. com. fait difficulté, mais un élément **n** n'en est pas exclu. Quant aux parlers qui, aux 2ème et 3ème pers. du sing., n'ont pas cet élément **n**, ils ont le simple élément pronominal après voyelle, précédé d'une sonante palatale après consonne:

(ə)nnək (ə)nnəm (ə)nnəs d'une part,
ik/k im/m is/s d'autre part.

Après nom de parenté, le pronom ne s'exprime jamais à la 1ère pers. du sing.: **baba** 'mon père'. Aux 2ème et 3ème pers. du sing., tous les noms de parenté étant terminés sur voyelle, on a le seul élément pronominal: **baba-k, baba-m, baba-s**. Aux personnes du pluriel, entre le nom de parenté tel qu'il nous est connu et l'élément pronominal, il y a un élément **t**, encore inexpliqué: **baba-t-nəɣ** etc. Il y a lieu, sans doute, d'y voir non un élément autonome, non une partie du pronom, mais une flexion du nom.

Le pronom régime indirect, sauf à la 1ère pers. du sing., et encore sous quelques réserves dialectales, est caractérisé dans tous les parlers, quand il suit le verbe, par une voyelle **a**: **ak, am, as**, etc. Avant verbe on a, dialectalement, voyelle **a**, voyelle **i**, voyelle **zéro**: 3 sm. **as, is, s**, mais le cas de voyelle **i** est encore très obscur.

Le pronom régime direct est affecté d'une voyelle zéro absolue ou relative et surtout d'une voyelle **i**. Cette dernière voyelle **i** pose, entre autres, de singuliers problèmes par les variations dialectales des conditions de sa présence, le caractère semi-phonétique de ces conditions dans un cas, l'altération du pronom de 3ème pers. dans l'autre. Ainsi, chez les Chaouia Ait Frah, la voyelle **i** est présente quand le pronom, après verbe, suit directement une forme personnelle terminée sur consonne non désinentielle (imp. et imp. intens. 2 sc., aor. etc., 3 sm., 3 sf., 1 pc.). Ce n'est donc pas seulement une question de voyelle ou de consonne; la valeur désinentielle ou non de la consonne intervient. Et encore faut-il faire des réserves pour **t** suffixé de féminin. D'autre part, ainsi chez les Touaregs, **i** est présent au contraire après forme verbale terminée sur voyelle, mais avec élision de la voyelle. C'est alors qu'à la 3ème pers., l'élément pronominal **t** disparaît complètement aussi bien au masc. sing., en finale absolue, qu'au fém. sing. et au masc. et au fém. pl., soit, touareg 3 sm.: **-i**, 3 sf. **-it**, 3 pm. **-in**, 3 pf. **-inət**. Avant verbe le pronom est généralement sans voyelle mais, sous réserve d'analyses ultérieures, il peut être, dialectalement, affecté également de voyelle **i** en initiale absolue.

L'emploi du pronom affixe ne soulève pas en général de difficulté. On signalera toutefois que si, après nom de parenté, le pronom de 1 sc. ne s'emploie pas, inversement le pronom de 3ème pers. s'emploie de façon pléonastique, même si le nom de parenté est suivi d'un complément de nom exprimé. C'est au demeurant un fait bien connu. Semblablement il est fréquent que le pronom régime indirect de 3ème personne soit exprimé pléonastiquement, même si le régime indirect suit immédiatement. Et surtout, en raison de la fréquence du système de l'anticipation, il est usuel que le complément réel soit exprimé, suivant un mouvement habituel dans les langues parlées, absolument et à l'état libre, en avant de la proposition, représenté en sa position grammaticale par le pronom personnel. Le même phénomène d'anticipation est possible pour le sujet, mais sans reprise par un pronom, faute de pronom sujet, nouveau témoignage, s'il en était besoin, du caractère erroné de l'appellation de pronom sujet donnée trop fréquemment encore au pronom isolé. Indépendamment des glissements de variété à variété déjà signalés, il arrive parfois qu'au pronom affixe soit substitué le pronom isolé, peut-être, dans certains cas, par suite d'insuffisance du pronom affixe dans la différenciation des genres, mais toujours, évidemment, par souci d'intensification.

Les cas d'emploi les plus intéressants concernent le pronom régime direct. Celui-ci ne se rencontre pas seulement comme régime direct verbal. Il apparaît aussi dans toute une série d'expressions démonstratives, **h-a-t** 'le voici', etc., où le groupe démonstratif est étrangement suivi du sujet à l'état d'annexion de cette proposition pourtant non verbale. Il apparaît encore, dans la Tachelhait au moins, dans le cas de **waḥdu-t** 'lui seul'. Mais l'on a alors bien plus généralement le pronom affixe après préposition, ainsi Chaouia Ait Frah **waḥḥad-s**.

Le pronom affixe est suffixé, compte tenu de la possibilité d'enrobement complet par des éléments augmentatifs pour le pronom régime direct en expressions démonstratives et compte tenu de la position de l'élément pronominal dans la constitution même du pronom isolé. Cette suffixation est immédiate. Toutefois pour le complément de nom elle peut être postérieure à celle d'un démonstratif en emploi d'adjectif. En ce cas le pronom affixe devient autonome, sans augmentation quand il est suffisamment étoffé, c'est-à-dire, partout au pluriel et quand, au singulier, il comporte l'élément **n**: **fk-iyi-d avərnus-a ənsən** 'donne-moi ce burnous d'eux' = '... ce burnous qui leur appartient'. Là où, au singulier, il ne comporte pas l'élément **n**, ainsi en Kabylie, on substitue, en ce cas, au pronom constitué par le seul élément pronominal, mais affecté de voyelle **i**, une périphrase 'celui de moi, celui de toi (h. et f.), celui de lui, d'elle': **i-n-u, i-n-ək, i-n-əm, i-n-əs, ədʒdʒ-iyi-d θavanta-nni i-n-ək** 'laisse-moi ce tablier de cuir en question, celui de toi' = 'laisse-moi ton tablier de cuir en question'. Bien que l'affixe de verbe soit normalement suffixé au verbe, dans nombre de constructions, présence d'une particule verbale préposée, d'un terme interrogatif, propositions à valeur relative, et, partant, toute proposition participiale, il passe avant verbe soit qu'il soit alors préfixé au verbe, soit qu'il soit suffixé à l'élément dont la présence a provoqué ce changement de position. Avant comme après verbe l'ordre est toujours le même: pronom régime indirect, pronom régime direct, particule de position. L'ensemble se déplace d'un bloc et non en fonction de la position par rapport au verbe comme dans le cas des éléments dérivatifs et désinentiels. Un cas particulier, celui du touareg, où quand le suffixe participial passe lui-même avant verbe, il précède également les pronoms affixes.

Il n'existe pas de pronom réfléchi. Dans la mesure où la forme verbale à elle seule ne suffit pas à exprimer cette notion, on utilise une périphrase: '. . . la personne de moi, de toi', etc., **iman-inuɣ**, etc. en régime verbal.

Le Démonstratif

Le démonstratif est, en soi, destiné à attirer l'attention. Il participe, par cela même, inévitablement, à l'intensité. Et par le fait toutes les notions qui peuvent diversifier celle de monstration pure ou s'agréger à elle, sont secondaires. Ces notions sont, en berbère, de deux sortes: l'une de défini et d'indéfini, l'autre de proximité, d'éloignement et de rappel ('en question'). En outre les fonctions grammaticales sont de deux sortes, adjectives ou pronominales. Enfin des variations dialectales se font jour qui concernent les unes l'aspect même de l'élément démonstratif, les autres ses conditions d'utilisation.

Adjectif ou pronom, un premier lot, qui nous paraît le lot de base, est constitué par une voyelle **a**, **i** ou **u**, **a** et par substitut dialectal **u**, en adjectif, **a**, **i** et **u** en pronom. En négligeant la substitution dialectale de **u** à **a**, **a** est beaucoup plus fréquent que **i**, lui-même beaucoup plus fréquent que **u**, ce dernier, en soi, très rare. De ce qu'il s'agit d'un élément vocalique, qui, en emploi d'adjectif, est invariable en genre et en nombre et post-posé au nom, on est amené à le considérer, en soi, comme un son de prolongation.

Un deuxième lot paraît constitué en partant de la particule d'éloignement **n**, traitée, le cas échéant, intensivement suivant un type čv qui ne lui est pas spécial et que l'on retrouve, comme nous l'avons déjà signalé, dans un nom de parenté tel que **əmmi** 'fils', soit **ənni/ənna**, le vocalisme étant ici augmentatif. Ce second lot fournit des adjectifs, entre éventuellement dans la constitution de pronoms, mais ne fournit pas, à lui seul, semble-t-il, de pronoms. Les enseignements traditionnels des grammaires berbères, à cet égard, sont pour le moins suspects. Ces adjectifs sont également invariables en genre et en nombre et post-posés au nom.

Un troisième lot est constitué par l'élément **əlli** qui, quelle que soit son origine, se superpose à tous égards, forme et emploi, à **ənni**.

En pronom, le démonstratif peut être invariable ou variable en genre et en nombre. En ce dernier cas il comporte de façon patente, au moins au singulier, des indices de genre, masculin **w** (ou **zéro**), féminin **t**. Le pluriel peut être clair, d'une clarté vraisemblablement secondaire, la voyelle étant alors affectée des mêmes relations de singulier et de pluriel que la voyelle initiale du nom, sm. **wa**, sf. **ta**, pm. **wi**, pf. **ti**. Mais le plus souvent le pluriel pose des problèmes extrêmement délicats et encore non résolus.

On ne retrouve pas, semble-t-il, de témoignage d'opposition défini/indéfini dans l'adjectif, mais le pronom en offre des exemples caractérisés. En ce cas le défini est à voyelle **a**, l'indéfini à voyelle **i**, ainsi Chaouia Ait Frah, **wa** 'celui précisément', **wi** 'celui quel qu'il soit'.

Les notions de position sont, comme nous l'avons dit, au nombre de trois, proximité, éloignement et rappel, dans le démonstratif en emploi d'adjectif ou de pronom avec variation de genre et de nombre, mais non dans le pronom invariable en genre et en nombre.

Proximité et éloignement peuvent se marquer élémentairement par la simple adjonction des particules d'approche et d'éloignement à l'élément démonstratif (1ᵉʳ lot). Ainsi, Tachelhait, en adjectif: proximité **ad**, éloignement **an**. La chose peut se compliquer du fait que, dialectalement, la proximité est traduite par le seul élément démonstratif sans particule d'approche, avec, partant, une opposition de base **zéro/n**. Elle peut se compliquer encore, dialectalement, par la différenciation vocalique, ainsi, en Kabylie, toujours en adjectifs, **a** étant affecté à la proximité, et **i** à l'éloignement. Elle se complique également du fait de la présence d'éléments augmentatifs, aussi bien dans l'adjectif que dans le pronom à variation de genre et de nombre, comme il est aisé de s'y attendre, en raison d'éléments au caractère intensif si accusé; ainsi, Kabylie, adjectifs, proximité **aġi** (<**ayi**<**ai̭**?), éloignement **ihin, ihina**; pronoms **wagi, wihin**, etc. Une difficulté, le rapport formel de **a** et de **ai̭**. A noter, ainsi Chaouia Ait Frah, la répartition de leur emploi, en pronom invariable, fonction de leur position: **aġ-ġfərrədən** (<**ai̭ ifərrədən**) 'ce balayant' = 'qui balaye', mais **a-dd-ittawin** 'ce apportant' = 'qui apporte'.

Si nous en jugeons par le kabyle, le 2ᵉᵐᵉ lot, sous sa forme élémentaire, **-ən,** aurait été susceptible de fournir des démonstratifs d'éloignement, mais il s'agirait à l'heure actuelle d'emplois résiduels qui ne se retrouveraient que dans quelques complexes figés, ainsi **azəkka-y-ən** 'le lendemain'. Au demeurant, l'observation en est délicate soit que la notation du vocalisme à travers les parlers soit suspecte, soit que, si elle est exacte, il puisse s'agir d'un effacement secondaire de son timbre. Quoi qu'il en soit, cette 2ᵉᵐᵉ série fournit, de façon vivante, à travers les parlers, par sa forme intensive, le démonstratif de rappel en adjectif et en pronom fléchi ou en suffixe de pronom fléchi.

Enfin la 3ᵉᵐᵉ série fournit dans les mêmes conditions des adjectifs et des suffixes de pronoms fléchis, sans qu'on puisse encore justifier les rapports d'emplois entre 2ᵉᵐᵉ et 3ᵉᵐᵉ séries.

Des sondages nous ont permis de constater qu'il existe dans certains parlers une tendance à substituer l'emploi pronominal à l'emploi adjectif, ainsi, Djerba: **ayu n ...** 'ceci de ...' = 'ce ... ci'.

Le démonstratif, sous une forme étoffée, est susceptible de constituer des adverbes de lieu et de temps, ainsi Tachelhait **dγ-i** 'ici' ou, étoffé ou non, d'entrer dans des complexes adverbiaux, ainsi Chaouia Ait Frah **ssiya** 'à partir d'ici (temporel ou spatial)'. Le rôle du démonstratif dans ces catégories d'adverbes est fondamental.

C'est également le démonstratif qu'il y a lieu de reconnaître dans les expressions de type 'voici, voilà'. Ainsi, Kabylie, **(h)a-θ, a-θ-a, a-θ-a-y-a, a-θ-a-y-ən**, etc. '(le) voici, (le) voilà', etc.

Enfin si l'on admet de voir à la base du démonstratif un son de prolongation, on est tout porté à admettre une communauté d'origine avec la particule interpellative **a**: **a taməṭṭut** 'ô femme!'

Les Particules verbales

Parmi les particules susceptibles d'accompagner une forme verbale, il y a lieu de distinguer trois groupes : le premier constitué par les particules de rection, le deuxième par les particules d'aoriste et d'aoriste intensif, le troisième par les particules négatives.

Les Particules de Rection

Il arrive très fréquemment qu'un verbe soit accompagné d'une particule **d** que l'on appelle 'particule d'approche', et beaucoup plus rarement d'une particule **n** ou 'particule d'éloignement'. Ces valeurs ont été dégagées d'exemples comme celui du verbe **awi** qui signifie, en soi, 'porter, mener' et qui, accompagné de la particule **d**, signifie 'apporter, amener' et de la particule **n** 'emporter, emmener'. Mais le jeu de ces particules, l'un des plus délicats de la langue, est infiniment plus complexe et nous restons souvent, pour la particule **d**, en présence d'emplois dont nous ne saisissons pas encore bien la raison d'être.

Comme nous l'avons déjà dit, en particules verbales, **n** est beaucoup plus rare que **d**, même dans les parlers où l'un et l'autre sont attestés. Le cas du kabyle, par exemple, est typique. Mais il arrive que, dialectalement, **n** ne soit plus particule verbale. De tels parlers se contentent d'opposer **awi-dd** 'apporter, amener' à **awi**, sans particule, 'emporter, emmener'. C'est le cas du Chaouia Ait Frah.

n et **d** peuvent être affectés d'une voyelle **i**, **ə** ou **zéro**: **id, əd, d ; in, ən, n**. Nous en avons tenté un essai de répartition pour le kabyle qui n'est pas sans analogie, au moins, avec celui du pronom régime direct affecté ou non de voyelle **i**. La question reste de savoir dans quelle mesure ce qui vaut pour la Kabylie des Irjen vaut également pour les autres parlers.

n et **d** sont nettement affectés d'une certaine durée ou d'une certaine intensité, surtout avec voyelle zéro. Les faits sont particulièrement clairs pour **d** en raison des accidents phonétiques dont ce son est susceptible dans nombre de parlers. Même dans les parlers à tendance spirante, il reste occlusif et, en cas d'assimilation, il est généralement l'élément assimilateur, quelle que soit sa position, partant, aussi bien en assimilation progressive, pourtant moins usuelle, que régressive.

n et **d** affixes verbaux sont soumis aux mêmes conditions de position que les pronoms personnels, normalement après verbe, mais passant avant lui dans les conditions déjà envisagées (voir p. 33). Quand il y a simultanément pronoms personnels affixes et particule de rection, la particule de rection est en principe toujours la dernière avant comme après verbe.

Les particules de rection ne sont pas uniquement particules verbales. Elles peuvent se suffixer aux éléments démonstratifs et même pour **n** servir de base à la constitution d'un démonstratif. Contrairement à ce qui se passe avec verbe, avec démonstratif **n** est plus usuel que **d**.

Les Particules d'aoriste et d'aoriste intensif

Contrairement au prétérit, l'aoriste et l'aoriste intensif peuvent, mais point nécessairement, être accompagnés d'un jeu de particules autres que les particules de rection ou négatives.

La principale est la particule **ad**. On la trouve, sauf erreur, dans tous les parlers, fréquemment avec l'aoriste, parfois aussi avec l'aoriste intensif. On l'a longtemps considérée comme un indice de futur, mais la question est à réexaminer. Elle finit, dans certains cas, par faire à tel point partie intégrante de conjonctions de subordination qu'il lui arrive parfois d'être suivie du prétérit. C'est, dans des conditions particulières, il est vrai, ce que nous avons pu observer chez les Chaouia Ait Frah. Suivant le mot qui la suit, elle apparaît sous les formes **a** ou **ad**, mais les conditions précises peuvent varier selon les parlers. **d** est bref comme le montrent les parlers à tendance spirante de la dentale.

Certains parlers, comme celui des Chaouia Ait Frah, ne connaissent pas d'autres particules d'aoriste et d'aoriste-intensif. Mais ailleurs le jeu en est plus varié. Ainsi en Kabylie les emplois attribués dans l'exemple précédent à la seule particule **ad**, sont partagés entre les particules **ad** et **ara**. Sous réserve de quelques nuancements, **ad** est la particule des propositions indépendantes ou principales non munies de termes interrogatifs, **ara** celle de toutes les autres. En somme **ara** apparaît chaque fois que sont réunies les conditions, hormis la propre influence de **ad**, dans lesquelles les affixes de verbe (pronoms personnels régimes indirect et direct, particules de rection) passent avant lui.

En Tachelhait, devant l'aoriste, on trouve **a(d)** et **ra** et devant l'aoriste intensif, fréquemment, **ar**. On a proposé, avec beaucoup de vraisemblance, de voir en **ra** la 3ème pers. du masc. sing., altérée ou non, du prétérit positif du verbe **iri** 'vouloir'. De son côté **ar** et l'aoriste intensif correspondent curieusement à Chaouia Ait Frah verbe **bdu** suivi directement de l'aoriste intensif 'commencer à'.

Chez les Ait Ndir du Moyen Atlas marocain on signale devant aoriste-intensif non seulement **ar**, mais encore **da** et **la**. Au demeurant, quel que soit l'état d'épuisement de la question nous terminerons par le cas de **la** (peut-être aussi **ala**, comparer **ra** et **ara**) qui, en Kabylie, particule d'aoriste intensif avec valeur de 'en train de' est susceptible d'apparaître également en proposition non verbale.

Toutes ces particules précèdent le verbe et entraînent, le cas échéant, à leur suite, avant verbe, pronoms affixes et particules de rection.

Les Particules négatives

La particule négative est soumise à variations dialectales. Dans la majeure partie des parlers, ainsi Kabylie, Touaregs Ahaggar, Tachelhait, elle est **ur**. Mais on rencontre aussi **ul**, ainsi au Mzab, et **ud**, ainsi chez les Chaouia Ait Frah. Chez ces derniers, **ur** existe néanmoins, mais n'apparaît, et point toujours régulièrement, que devant participe. **ud** est à **d** bref, spirant dans un parler à tendance spirante des dentales. Chez les mêmes Chaouia Ait Frah, **ud** alterne avec **u**, en fonction de la position. Ce n'est d'ailleurs pas un simple trait local. Comparer d'autre part la relation **ad/a** de la particule d'aoriste (pp. 36–7).

Cette particule négative précède le verbe et exerce sur les affixes du verbe la même attraction que les particules d'aoriste et d'aoriste intensif. Selon les parlers elle se suffit toujours à elle-même (ainsi Tachelhait) ou est généralement complétée par un élément qui suit directement le verbe, ainsi **ara** en Kabylie ou l'emprunt arabe ʃ(a) chez les Chaouia Ait Frah: **ur** . . . **ara**, **u(ð)** . . . ʃ(a).

Mais le système peut dialectalement se compliquer du fait de l'intervention de substituts. Ainsi, chez les Chaouia Ait Frah encore, **ur/ud** n'est jamais employé devant un impératif, mais **1(a)**, et ailleurs, toujours dans le même parler, **ud** est fréquemment remplacé par **ma** qui est suivi non du prétérit négatif, mais du prétérit positif. Il y a là amorce d'une perturbation profonde qui s'introduit dans les systèmes syntaxique et morphologique.

ur n'est pas seulement une particule négative verbale. Dialectalement il apparaît aussi en proposition non verbale. Mais, dialectalement également, il est exclu des propositions non verbales. On trouve alors par exemple en Kabylie **matʃi** et **ulaʃ** et, chez les Chaouia Ait Frah, **li-ʃ-id**. On reconnaît aisément dans les deux premiers des emprunts à l'arabe; le complexe constituant le 3ème est plus obscur.

La Particule de Proposition Nominale

Nous désignons par cette appellation provisoire une particule **d** qui, dialectalement, apparaît fréquemment devant nom ou pronom en attribut. Mais dans les parlers mêmes où elle est très usuelle, la proposition non verbale ne nécessite pas obligatoirement de copule. Inversement le **d** en question peut fort bien apparaître en proposition verbale, ainsi en Kabylie après les verbes **ili** 'être', **uγal** 'devenir', soit même après un verbe quelconque, qu'il y ait contamination renforçative d'un tour par l'autre, voire dédoublement de la proposition.

d, bref et, partant, spirant dans les parlers à tendance spirante de la dentale, n'influe pas sur le nom qui suit qui reste à l'état libre. C'est ce qui, souvent, permet de le distinguer de la préposition **d** 'avec' suivie, elle, de l'état d'annexion, mais dont l'articulation et les conditions d'assimilation sont identiques (**d t->t t-**). Toutefois, ainsi en Chaouia Ait Frah, il se produit d'évidentes confusions entre la préposition et la particule, si bien que, parfois, dans un même tour, **d** peut finir par être suivi indifféremment de l'état libre ou de l'état d'annexion.

L'emploi de **d** est actuellement dialectal, mais dans les parlers qui ne l'utilisent plus, on en trouve des résidus caractérisés; ainsi en touareg Ahaggar **hund<zun-d**, litt. 'comme c'est' = 'comme'.

On signalera parmi les emplois fréquents de **d**, celui devant adjectif après nom avec, en somme, substitution d'un attribut à une épithète. La différence, difficile à percevoir devant un adjectif féminin dans les parlers à dentale occlusive, distinction d'un **t** long et d'un **t** bref, devient plus aisée dans les parlers à dentale spirante, opposition d'un **t** occlusif long, parfois peut-être abrégé, et d'un **t** spirant bref.

On signalera encore l'usage très développé qui consiste après **nəγ** 'ou bien' à rompre la construction et à repartir sur une proposition par **d** si bien que, même dans les parlers où **d** n'est plus vivant, on peut encore rencontrer **nəγd** ou **nγəd** avec **d** agrégé à **nəγ**.

Les Prépositions

Le berbère dispose d'un large jeu de prépositions qui, si elles entrent dans la constitution d'adverbes, ne sont jamais adverbes par elles-mêmes, sauf en un cas particulier, et ne sont pas plus préverbes.

Ces prépositions fonctionnent donc comme éléments préposés à des noms ou à des pronoms, mais aussi en emploi absolu, en tête de propositions relatives, sans élément relatif, puisqu'il n'y en a pas en berbère, ou encore en tête de propositions subordonnées conjonctives, la préposition pouvant, à elle seule, former élément conjonctif.

Les prépositions sont toujours constituées, en base, par un ou plusieurs éléments consonantiques. Un seul cas particulier, la préposition attributive **i** 'à' qui, bien que pouvant passer à l'état consonne, à la gutturale **g**, selon sa position, paraît bien être en base un élément vocalique. Mais le cas du complément d'attribution présente par ailleurs deux autres particularités : en tête de proposition relative, il est représenté non par la préposition, ou la seule préposition, mais par un élément **mi** (et var.) encore obscur et surtout il n'y a pas de préposition devant le pronom personnel affixe régime indirect.

Fréquemment les prépositions ont une forme courte et une ou plusieurs formes longues. En ce cas, devant pronom personnel, on a toujours une forme longue de la préposition comme si la réunion de ces deux atones, formant dès lors un ensemble autonome et, partant, tonique, avait besoin d'étoffement.

Le jeu de prépositions est, en base, le même pour toute la Berbérie, mais des variations se font jour soit d'ordre phonétique, soit dans l'emploi des formes longues, en particulier devant pronom personnel. Il en est cependant, comme **dar** 'chez', de franchement dialectales.

Quand la préposition est suivie d'un nom susceptible d'état, celui-ci est normalement à l'état d'annexion, comme s'il subissait un écrasement de l'initiale du fait d'un proclitique. Toutefois de rares prépositions dont **s** 'vers', marquant la direction, sont suivies de l'état libre. Ceci pose un problème. **s** 'vers' avec l'état libre paraît d'ailleurs un archaïsme en voie d'élimination. Ainsi en Kabylie Ait Yenni il ne paraît survivre que devant nom masculin, remplacé partout ailleurs par **yər**.

On pourrait croire que la préposition apparaît parfois en post-position, mais il est à penser qu'une analyse plus poussée fera reconnaître non des emplois de post-position, mais des emplois absolus.

Dans le cas du complément de nom, dans tous les parlers, il y a emploi d'une préposition **n** devant les rares noms masculins sans voyelle initiale, les féminins grammaticaux, les noms de parenté qui ne commencent pas sur sonante et les emprunts arabes non berbérisés. **n** est soumis à des modifications phonétiques du fait de sa position. Il est assimilé par une labiale subséquente (**n**>**m**), par une liquide (**l** et **r**), mais point nécessairement, ou par **t**, mais ici dialectalement : ainsi en Kabylie, mais point chez les Chaouia Ait Frah. Devant nom masculin à voyelle initiale et noms de parenté commençant par une sonante, il y a traitements dialectaux soit que **n** apparaisse nécessairement, facultativement ou pas du tout. En outre, devant nom masculin à voyelle initiale, dans les parlers à préfixation de sonante à l'état d'annexion, **n** est dialectalement susceptible d'altérations phonétiques, ainsi **n w-**>**mmw-** ou, avec une grande régularité, chez les Chaouia Ait Frah, **ŋ** (nasale vélaire) devant sonante vélaire, **ny** (semi-occlusive palatale) devant sonante palatale issue de sonante vélaire. En outre, dans ce même parler, passage de **n** à la nasale gutturale dans les cas extrêmement rares où la préposition **n** peut se trouver précéder directement une consonne gutturale.

En dehors du groupe fondamental des prépositions examiné précédemment, il en existe un autre qui, contrairement au précédent, peut fournir indifféremment des prépositions ou, le cas échéant, des adverbes. Ainsi, en Kabylie, **ddau** 'en dessous (de)', **ənnig** 'au-dessus (de)', **dat** 'devant', **ḑəffər** 'derrière', souvent ou toujours, selon les cas, précédés de la préposition **s: s-əddaṷ, s-ənniġ, z-zat** (<**s-dat**), **z-dəffər** (<**s-dəffər**). Il s'agit, de façon assurée pour **ddaṷ**, probable pour les autres, d'anciennes 3ème pers. du sing. masc. de prétérit de verbe de qualité.

Enfin il existe des prépositions ou des locutions prépositives à base nominale. Il est alors délicat de déterminer, sans une connaissance profonde du parler, à quel moment un tel complexe n'est plus que locution prépositive. Ainsi, par exemple, en Chaouia Ait Frah, **f-idis n-** 'à côté de', s'il est exact que **idis** 'côté' n'est plus employé, dans ce parler, en dehors de ce complexe.

Les Conjonctions de Coordination

Le berbère ne connaît pas de conjonction de coordination additive (= français 'et'). S'il s'agit d'une liaison entre deux mots, il emploie la préposition **d** 'avec': ainsi il ne dit pas 'la femme et l'homme', mais 'la femme avec l'homme', **taməṭṭut d-urgaz**. Il en résulte que le problème du sujet multiple ne se pose pas chez lui, et, partant, l'accord du verbe avec un sujet multiple. Toutefois bien que dans une énumération l'emploi de la préposition **d** soit le plus usuel, les termes de l'énumération peuvent être aussi simplement juxtaposés. En ce cas le sujet multiple se trouvant réintroduit, au moins implicitement, le pluriel prime le singulier et le masculin le féminin. D'autre part, quand il y a anticipation de sujet avec accompagnement, la flexion du verbe peut tenir compte non seulement du sujet mais encore de son accompagnement.

Pour les propositions, il n'y a pas non plus, à proprement parler, de coordination additive. Celles-ci se suivent en asyndète. Toutefois, en dehors de quelques cas dialectaux d'intervention de l'arabe **u** 'et', il arrive fréquemment que cette notion d'addition soit expressément marquée par une forme verbale: ainsi, Chaouia Ait Frah **ərni** 'ajouter'. Mais la 3ème pers. du masc. sing. est susceptible de s'employer quelle que soit la personne du sujet et, partant, de perdre sa qualité de forme verbale pour n'être plus qu'un adverbe ou une conjonction de coordination.

Il existe par contre une conjonction adversative très usuelle soumise à variation formelle dialectale: **miɣ** en touareg, **nəɣ** ailleurs. Elle est susceptible d'emploi entre mots comme entre propositions. Mais, comme nous y avons déjà fait allusion, **nəɣ**, mais non **miɣ**, étant usuellement suivi de la particule de proposition nominale **d**, finit par se l'agréger dans des parlers où **d** a cessé d'être vivant, et, là où **d** est usuel, se trouve généralement non plus entre deux mots ou deux propositions quelconques, mais précéder une nouvelle proposition sans verbe, quelle que soit la nature grammaticale de l'élément antérieur du rapport adversatif.

Les Conjonctions de Subordination et la Syntaxe propositionnelle

La syntaxe propositionnelle du berbère est éminemment paratactique. Les propositions se suivent sans indication de rapport entre elles, qu'il y ait effectivement dans la pensée du sujet parlant simple succession, subordination perçue mais non exprimée, ou, plus vraisemblablement encore, un état d'indifférence ou de trouble où la perception de la subordination n'a pas encore réussi à se dégager et à s'exprimer.

MORPHOLOGIE ET SYNTAXE

Toutefois ce stade est fréquemment dépassé, soit que des modifications dans la proposition, ainsi, place des affixes du verbe, nous en avertissent, soit encore par l'emploi absolu de la préposition en tête de la proposition non seulement à valeur relative, mais encore subordonnée circonstancielle.

Mais il va même jusqu'à se créer, ainsi en Ahaggar, un système conjonctionnel de subordination par la formation de complexes démonstratifs et prépositionnels. Ce procédé se retrouve dans les autres parlers, mais ceux-ci, plus sensibles à l'influence de l'arabe, ont le plus généralement largement emprunté à l'arabe soit leurs conjonctions elles-mêmes, soit l'élément essentiel de leurs conjonctions: ainsi, pour les Chaouia Ait Frah, 'laxaṭər 'parce que', baʃ að 'afin que', ɣir að 'lorsque', etc.

Les Adverbes et les Locutions adverbiales

Le complément circonstanciel peut très bien être représenté par un nom isolé à l'état libre. Seul, en somme, à moins de dédoublement fonctionnel, le degré de vitalité du nom en question dans le parler permet de déterminer s'il s'agit encore d'un nom ou déjà d'un adverbe. Il en est de même pour les complexes à base nominale. Ainsi, en Chaouia Ait Frah, si la forme nominale **imir/imər** n'existe pas en dehors de **imir-a** litt. 'ce moment-ci' = 'maintenant', **imər-ðin** litt. 'ce moment-là' = 'ensuite', ces deux derniers complexes constituent des adverbes. Encore peut-on tenir compte dans des cas comme ceux-ci du glissement sémantique. Une connaissance plus poussée des parlers pourra peut-être permettre de dégager des critères formels. Ainsi, dans les parlers où le démonstratif **a** passe à **u** (voir p. 34), le maintien de **ass-a** (et non **ass-u**) litt. 'ce jour-ci' = 'aujourd'hui' peut être un indice d'adverbialisation.

En dehors de ces problèmes nominaux ou à base nominale, de nombreux adverbes de lieu et de temps sont constitués par des éléments démonstratifs pourvus d'augmentatifs ou précédés de prépositions. A la 1ère de ces deux formules appartient par exemple Tachelhait **dɣ-i** 'ici', **dɣ** étant un élément augmentatif,[1] à la seconde Chaouia Ait Frah **ssiya** 'd'ici' dont l'analyse n'est pas absolument claire. L'adverbialisation, dans cette série démonstrative, est particulièrement nette.

Un troisième groupe est constitué par des formes verbales figées, 3èmes personnes de masculin singulier de prétérit. Tel est le cas, par exemple, de **drus** 'peu' en Kabylie, seul résidu régional du verbe **idras** 'être peu nombreux'. L'isolement et, partant, l'adverbialisation sont ici bien confirmés par l'incapacité où a été le Père Huyghe, et donc ses informateurs, de l'analyser correctement, ayant cru qu'il fallait décomposer **drus** en **d** particule de proposition nominale et **rus**. Tel est encore le cas, dans la Tachelhait, de **sul** 'encore' avec différenciation, ici, de **sul** et de **isul**, l'ancienne 3ème pers. de masc. sing. de prétérit à désinence zéro étant maintenue comme adverbe, alors que les formes verbales toujours vivantes dans la même région étaient refaites sur désinences d'aoriste (voir p. 21). On accordera une attention particulière à ces formes verbales figées et adverbialisées: il en est sans doute d'autres encore que celles actuellement reconnues ou supposées. Ainsi peut-être est-ce le cas de **zik** 'de bonne heure, autrefois' en regard du nom **azəkka** 'demain'. La complète adverbialisation a été favorisée ici par la tendance à l'évolution et à la disparition des verbes de

---

[1] Cf. André Basset, *Sur une singularité des parlers berbères du sud marocain*, in *GLECS*, t. 5, pp. 29–31 (séance du 25 mai 1949).

qualité. Elle témoigne, dans son domaine limité, d'une régression du système paratactique verbal, deux propositions étant ramenées à une seule et la forme verbale figée étant intégrée dans la proposition maintenue. Enfin elle nous fournit, en toute probabilité, des témoins précieux et particulièrement instructifs, en raison du thème sauvegardé, de verbes par ailleurs complètement ou presque complètement disparus (voir déjà à ce sujet p. 39, prépositions, série **ddau̯**, etc.).

Reste enfin un riche étoffement du système adverbial par des emprunts à l'arabe.

Au total ce système adverbial ne se présente pas comme un système originellement autonome, mais comme constitué secondairement et progressivement, de façon disparate et suivant un rythme géographiquement inégal, en partant de noms, de démonstratifs, de verbes et d'emprunts.

Le Degré

Le berbère ne possède pas d'expression morphologique du degré.

La comparaison d'égalité s'exprime, dialectalement, par **am** qui peut être répété devant les deux termes de la comparaison, ou par **zun(d)**. On rencontre même, en Kabylie, une combinaison des deux éléments, **am-zun(d)**. L'emploi de **am** et de **zun(d)**, isolés ou en complexe, n'est pas sans nuances, en particulier suivant que la comparaison porte sur un mot ou sur une proposition. Devant nom susceptible d'état, **am** est suivi de l'état d'annexion.

La comparaison d'inégalité se marque le plus fréquemment à l'aide de la préposition **f** 'sur'.

Le superlatif absolu se marque à l'aide d'adverbes qui, dans une langue où l'emploi de l'adjectif est peu développé, accompagnent le plus souvent des formes verbales.

L'idée d'excès et le superlatif relatif ne paraissent pas expressément indiqués et semblent se dégager du contexte.

Enfin comparaisons d'égalité et d'inégalité peuvent se traduire à l'aide de verbes appropriés, ainsi, Kabylie, pour le 1er cas : **ə'dəl** 'être égal' et pour le second cas : **uf/if** 'surpasser'.

III
LE VOCABULAIRE

Pour réserver la question du phénicien, le berbère comprend un très petit nombre de mots d'origine grecque ou latine par emprunt soit direct, soit indirect. Les uns sont berbérisés tels **anʒlus** 'l'enfant' (de grec ἄγγελος ou de latin *angelus*), **abərnus** 'le burnous' (de latin *burrhus*), **tifirəst** 'le poirier' (de latin *pirus*), **afiθal** 'la chambre d'hôte' (de latin *hospitale*), **asnus** 'l'ânon' (de latin *asinus* 'âne'), etc. Les autres, tels les noms de mois du calendrier julien, ont le plus souvent une structure non berbère.[1] Les quelques exemples précédents donnent déjà une idée des catégories de notions représentées par ces emprunts. Beaucoup de ces mots, sinon tous, n'ont qu'une vie régionale plus ou moins limitée dont la répartition n'est pas sans intérêt. Ce n'est certainement pas par hasard qu'**anʒlus**, par exemple, est essentiellement un terme de parlers tunisiens et que c'est en Tunisie également que se retrouve **ləçtu**, de latin *lectum* 'lit'. Mais l'une des répartitions les plus intéressantes est celle d'**asnus** 'ânon' qui se rencontre dans toute la portion occidentale de la Berbérie où il est de tous les parlers et s'arrête à l'est à hauteur de Cherchell, l'antique Caesarea. En somme, il n'apparaît pas dans les régions qui ont été le plus latinisées et s'est propagé à l'ouest bien au delà des limites du monde romain. Les déviations de sens sont usuelles et si **asnus** est passé de l'adulte au jeune, **igər**, sans doute de latin *ager*, est passé chez les Chaouia Ait Frah du champ à la récolte non seulement sur pied mais aussi coupée et déjà transportée sur l'aire à battre.

Les Touaregs du sud, comme il convient à des envahisseurs venus des régions méditerranéennes, par le Sahara, au Soudan, ont emprunté, surtout pour la flore et la faune, un certain nombre de noms aux langues noires avoisinantes, ainsi songhai au sud-ouest, haoussa au sud-est.

Mais le fait capital est l'emprunt massif de termes arabes par tous les parlers de l'Afrique du nord quels qu'ils soient, et point seulement pour des notions nouvelles comme les notions religieuses de l'Islam, mais dans tous les ordres d'idées, supplantant constamment des termes berbères qui çà et là tombent ainsi en désuétude ou se spécialisent dans l'expression d'une nuance déterminée. C'est ainsi qu'en Chaouia Ait Frah, le verbe **zdəɣ** 'habiter' ne s'applique pas pour l'habitation dans la maison du village, mais pour le campement au cours des déplacements résiduels de nomadisme.

Ces emprunts massifs affectent différemment les diverses catégories de mots. Le système prépositionnel paraît indemne, à l'encontre du système conjonctionnel et adverbial. Quant au verbe, les emprunts, tout nombreux qu'ils soient, sont incorporés dans le système flexionnel berbère et, partant, en quelque quantité qu'on les rencontre, ils n'y exercent aucun ravage. Peut-être toutefois sont-ils à la base, comme

---

[1] Sur les emprunts latins, voir Schuchardt, *Die romanischen Lehnwörter im Berberischen*, Wien, 1918, 80 p. Mais l'article en question est à utiliser avec une grande prudence. On y adjoindra utilement les notes, beaucoup plus serrées et nuancées, de G. S. Colin, *Etymologies maghrébines*, dans *Hespéris*, 1926, p. 55 sq. et 1927, p. 85 sq. Sur les formes berbères de quelques emprunts, et spécialement de *maius, iunius* et *iulius*, voir André Basset, *Six notes de linguistique berbère* dans *Annales de l'Institut d'Études Orientales d'Alger*, t. 5, 1939-41, p. 27 sq. et le tableau final.

en Kabylie, de quelques conjugaisons dialectales. Dans le nom, comme nous l'avons indiqué, il en va tout autrement du fait que la grande masse des emprunts est employée sans être berbérisée et avec ses rapports arabes de singulier et de pluriel. A noter la relation hybride qui s'établit, par exemple chez les Chaouia Ait Frah, où, à l'emploi en collectif du terme arabe non berbérisé, répond, pour le nom d'unité, le féminin berbère: ainsi ṭṭub 'ensemble de briques crues', θaṭṭubθ 'une brique crue', θaṭṭubin 'des briques crues'.

Pratiquement les Touaregs du nord, en raison de leurs conditions sociales et géographiques et en dépit de leur islamisation, sont restés indemnes de tout emprunt, tant ceux-ci, soit du nord, soit du sud, sont peu nombreux. Ils représentent donc pour nous un pôle précieux de conservatisme du vocabulaire berbère et c'est, à cet égard, une chance que ce soit justement pour eux qu'ait été relevé, grâce à Foucauld, dans des conditions admirables de précision morphologique et sémantique, le lexique local le plus poussé dont nous disposions, bien près d'être exhaustif. Mais ceci ne signifie pas que le vocabulaire touareg nous conserve tout le vocabulaire berbère: c'est dans ce domaine peut-être que la fragmentation dialectale joue au maximum et si, par exemple, pour l'âne, ils nous conservent iẓid, c'est en dehors de leur secteur qu'il faut chercher aɣyul. René Basset, entre autres buts, souhaitait un relevé exhaustif de ce vocabulaire 'berbère', tâche au demeurant concevable puisqu'il constitue un ensemble désormais limité, sous la seule réserve d'un lent renouvellement interne. Nous sommes vraisemblablement encore très loin de compte, les enquêtes encore trop espacées ne se souciant pas suffisamment, à part une ou deux, de pousser en profondeur. Néanmoins, pour le domaine limité de mes études de géographie linguistique, corps humain et animaux domestiques, qui couvrent maintenant avec une très grande densité de points une très grande partie de la Berbérie, j'ai l'impression de n'avoir guère fait surgir de mots nouveaux, mais d'avoir simplement déterminé des aires.

On aimerait pouvoir faire le départ de ce qui est actuellement pan-berbère ou dialectal et déterminer l'étendue et la constitution des aires dialectales. C'est là une tâche à peine amorcée. Mais nous savons déjà que si nous ne négligeons rien, variations phonétiques, morphologiques, sémantiques, il n'est pas un mot qui se retrouve identique de bout en bout de la Berbérie. Par contre, en négligeant les accidents secondaires, il y en a certainement un petit lot. Tel est le cas, vraisemblablement, du nom de la main dont les trois variantes afus, fus et ufəs couvrent probablement tout le domaine. Quant à l'étendue et à la constitution des aires dialectales, elles sont fort disparates, les conditions historiques et sociales ayant été telles que pratiquement deux limites linguistiques ne se superposent jamais, en dehors du cas bien particulier d'îlots strictement isolés comme celui des Zenaga ou celui des Touaregs, d'ailleurs intérieurement diversifiés. En somme tout mot a sa vie propre, tout mot doit être étudié individuellement, le féminin ne recouvrant pas nécessairement le masculin et le pluriel le singulier. Ainsi, pour la femelle, ce n'est que très exceptionnellement que le nom de la jument ou de la vache se superpose à celui du cheval ou du taureau, pour la brebis, la chèvre, jamais à celui du bélier ou du bouc. Dans une région comme la Kabylie où la vache se dit, sauf rares exceptions, θafunasθ, les vaches seront très rarement θifunasin, mais bien plutôt θisθan, θisiθan ou θisiθa. Ce sont au demeurant faits bien connus.

On aimerait également connaître le vocabulaire d'un individu, de l'unité linguistique locale. Nous l'avons pratiquement pour les Touaregs Ahaggar, toujours grâce à Foucauld, et approximativement aussi pour les Ida ou Semlal de l'Anti-Atlas marocain, grâce à Destaing. Et c'est tout. Or nous sentons qu'il y a certainement des différences notables d'ampleur selon la localisation et la caractérisation sociale du groupe, point tant peut-être en Afrique du nord proprement dite qu'au Sahara. Il est évident que le vocabulaire d'un ksourien du sud oranais, c'est-à-dire d'un sédentaire d'un de ces minuscules villages comme ceux du Gourara, est infiniment moins riche que celui d'un nomade touareg de l'Ahaggar, fonction d'un horizon plus borné, mais aussi d'une moindre valeur humaine.

Mais ce rapport n'est pas seulement un rapport global de plus ou moins, en particulier sur les sujets communs. Sans qu'on puisse parler de langues techniques, en raison de l'insuffisante différenciation des catégories, à cet égard, dans chaque groupe linguistique, les différences d'état de civilisation et de genre de vie entre les groupes, peuvent provoquer des gonflements et des rétrécissements de vocabulaire sur tel ou tel point, d'un groupe à l'autre. C'est ainsi par exemple que pour les palmiers un sédentaire de Djanet possède près de 200 noms de variétés dont 2 ou 3 seulement, si nous en croyons Foucauld, sont connus des Touaregs Ahaggar. Inversement un Ksourien du Gourara ignore les multiples appellations touarègues du chameau, selon son âge ou son usage et n'a qu'une connaissance des plus limitées des noms de plantes sauvages, si abondants chez les Touaregs nomades.

Ajouterons-nous pour terminer que ce vocabulaire ne se superpose naturellement pas exactement à l'un quelconque des nôtres, fût-il vocabulaire de paysans? Trop de différences interviennent qui tiennent à la localisation géographique, à l'état de civilisation, partant à la mentalité. Est-il besoin d'ajouter que la différence est encore plus sensible avec un savant européen et que, par exemple, dans les flores indigènes déterminées en fonction des classifications scientifiques, il y a une bonne part de trompe-l'œil, les critères de distinction, éminemment extérieurs et utilitaires, n'étant pas ceux de nos botanistes?

IV
ÉCRITURE

La civilisation berbère est une civilisation orale. Il existe néanmoins quelques manuscrits d'ouvrages destinés à peu près uniquement à la propagation de l'Islam en milieu non-arabophone. Ces manuscrits sont tous en caractères arabes. Ils sont formellement fort intéressants à étudier: ils témoignent en effet d'une adaptation de l'alphabet à une langue dont les sons ne sont pas toujours identiques à ceux de l'arabe, ainsi, en particulier, pour le ẓ. Ils sont d'autre part fort instructifs par leur notation des voyelles, l'adaptation des graphies voyelle longue/voyelle brève au système voyelle-pleine/voyelle-zéro, la façon de rendre le degré zéro relatif tantôt par fatha, tantôt par soukkoun, ce dernier cas, plus précis, donnant à un arabisant, par la multiplication et la position de ces soukkouns, une allure étrange à un texte berbère en caractères arabes voyellés. En outre, le jeu des formes initiales, médianes et finales de certaines lettres permet de se rendre compte souvent de la façon dont sont senties les coupes, la chose étant particulièrement précieuse pour les affixes du verbe placés avant verbe.

Il existe par ailleurs un alphabet berbère dont les signes sont constitués par des points, des barres, des ronds et leur assemblage. Cet alphabet ne marque que les consonnes avec toutefois la signalisation de la voyelle pleine en fin de mot. Les mots ne sont point séparés, sinon cependant dans une graphie en registres, les lignes pouvant être horizontales ou verticales et commencer par une extrémité ou l'autre. Certaines lettres, orientées, permettent au premier coup d'œil de reconnaître la direction. Cet alphabet n'est connu que des seuls Touaregs et leur sert à tracer de brèves inscriptions sur des rochers ou sur des objets tels que boucliers ou bracelets. Ce sont évidemment des écrits, propitiatoires ou non, qui nous ramènent aux valeurs élémentaires de l'écriture. On peut cependant voir circuler maintenant quelques missives. Dans cette civilisation à caractère local prédominant, cette écriture n'est pas uniforme de bout en bout du monde touareg et si en définitive les variations se révèlent peu nombreuses, il y a cependant lieu de la relever suivant les principes de la géographie linguistique.

Les Touaregs appellent leurs signes alphabétiques, au singulier **tafinəq** (<*tafinəyt), au pluriel **tifinay**. Bien que cette étymologie ait été contestée, et tout récemment encore, il est évident qu'il s'agit de la berbérisation de latin *punica* ou d'un de ses équivalents en une autre langue. En somme cet alphabet a été senti comme phénicien et en porte de nos jours encore le nom.[1]

---

[1] Voir André Basset, *Ecritures libyque et touarègue* dans *Notices sur les caractères étrangers anciens et modernes... réunies par Ch. Fossey*, Paris, Imprimerie Nationale, Nouvelle (2ème) édition, 1948, p. 135 sq.

V
LIBYQUE, GUANCHE ET CHAMITO-SÉMITIQUE

On possède, par toute l'Afrique du nord, mais surtout en Tunisie et dans le département algérien de Constantine, un nombre imposant d'inscriptions datées par la présence de quelques bilingues libyques-puniques ou libyques-latines. On en possède à ce jour près de 1.200 réunies, sauf les toutes dernières, dans un corpus récent dû à l'abbé Chabot.[1] Bon nombre de ces inscriptions ont été découvertes dans les dernières décades grâce en particulier aux recherches méthodiques d'un inspecteur des Eaux et Forêts, M. Rodary. Il est certain qu'on peut en découvrir beaucoup encore. Pour la presque totalité, elles sont brèves et grossièrement gravées. Mais parmi les bilingues, les deux bilingues libyques-puniques de Dougga en Tunisie nous ont permis sur 24 signes d'en identifier très suffisamment 21, ce qui nous livre sans doute complètement l'alphabet local et à peu près complètement sa valeur. Il s'agit d'une écriture très proche des **tifinaġh** actuels, strictement consonantique, gravée en lignes horizontales ou en colonnes verticales, le cas échéant avec double registre, chaque colonne de chaque registre consacrée généralement à un mot. Dans les bilingues de Dougga, en graphie horizontale de droite à gauche, les mots sont séparés par des points.

On a depuis longtemps cherché à interpréter ces inscriptions libyques comme des inscriptions berbères, cependant, malgré les atouts dont nous disposons, bilingues, valeur d'un alphabet local, connaissance déjà poussée du berbère, toutes les tentatives, même les plus récentes comme celle de G. Marcy,[2] sont restées absolument vaines. Il y a là un problème tout à fait intrigant.

Tout récemment on a trouvé en Tripolitaine des inscriptions non latines en caractères latins qui offrent l'avantage de nous fournir un vocalisme et qui paraissent bien le correspondant régional des libyques de l'Afrique du nord. Dans une communication au dernier congrès des Orientalistes (Paris, 1948) M. Beguinot a proposé déjà quelques interprétations par le berbère de ces dernières inscriptions.[3]

Toutes ces inscriptions nous intéressent au premier chef, car si effectivement elles devaient s'éclairer par le berbère, elles nous donneraient, sur l'état de la langue il y a deux mille ans, de maigres renseignements, mais des renseignements moins aléatoires que ceux à tirer de l'onomastique ou de la toponymie antiques.

Quand les conquérants européens ont pénétré aux Canaries, ils ont recueilli quelques éléments de vocabulaire et quelques phrases du langage qui y était localement parlé. On a toujours considéré, avec quelques réserves cependant ces derniers temps, qu'il s'agissait de berbère. Effectivement on y reconnaît sans peine des mots encore

---

[1] J. B. Chabot, *Recueil des inscriptions libyques*, Paris, 1940-41 (Bibliographie).
[2] En particulier G. Marcy, *Les inscriptions libyques bilingues de l'Afrique du Nord* dans *Cahiers de la Société Asiatique*, **5**, Paris, 1936 (à utiliser avec une extrême prudence).
[3] F. Beguinot, *Di alcune iscrizioni in caratteri latini e in lingua sconosciuta, trovate in Tripolitania* dans *Rivista degli studi orientali*, vol. **24**, pp. 14-19.

vivants en berbère, voire même des termes arabes. Néanmoins les recherches, même les plus récentes, comme celles de M. Wölfel,[1] restent toujours décevantes, considérées sous cet angle.

Enfin le berbère n'a pas échappé aux tentatives d'apparentement. De très bonne heure on a pensé à l'égyptien et par delà l'égyptien aux langues sémitiques, le tout, avec inclusion variable d'autres langues encore, regroupé en un chamito-sémitique diversement articulé. La pauvreté des résultats a fait diriger les recherches dans d'autres directions encore, le basque, par exemple, pour nous en tenir à des possibilités dignes, à priori, d'être prises en considération. Des amateurs n'ont-ils pas en effet songé au grec et un livre ne s'intitule-t-il pas 'Les Berbères en Amérique'? Toutes ces tentatives paraissent avoir encore plus catégoriquement échoué, si bien qu'on en est revenu plus fermement au chamito-sémitisme.[2] Mais les tenants de cette hypothèse sont les premiers à reconnaître que les éléments de la comparaison sont extrêmement limités. Bref, sous cet angle, les divergences du berbère au sein de la communauté sont telles qu'elles supposent, dans cette langue de si forte stabilité apparente depuis si longtemps comme en témoignent des phrases du XIIème siècle[3] et la comparaison actuelle des parlers, une profonde et vigoureuse évolution rapide ou lente à un moment donné.

---

[1] Wölfel, *Leonardo Torriani, Die kanarischen Inseln und ihre Urbewohner*, Leipzig, 1940, Anhang II, *Torriani und die Sprache der Kanaren*, pp. 244-303.

[2] Voir à ce sujet le livre récent de M. Marcel Cohen, *Essai comparatif sur le vocabulaire et la phonétique du chamito-sémitique*, Paris, Champion, 1947.

[3] Ces phrases se trouvent dans l'ouvrage de M. E. Lévi-Provençal, *Documents inédits d'histoire almohade . . .*, Paris, Geuthner, 1928. Elles ont été étudiées par G. Marcy, *Les phrases berbères des documents inédits d'histoire almohade*, *Hespéris*, 1932, pp. 61-77. Nous faisons les plus extrêmes réserves sur l'analyse de G. Marcy.

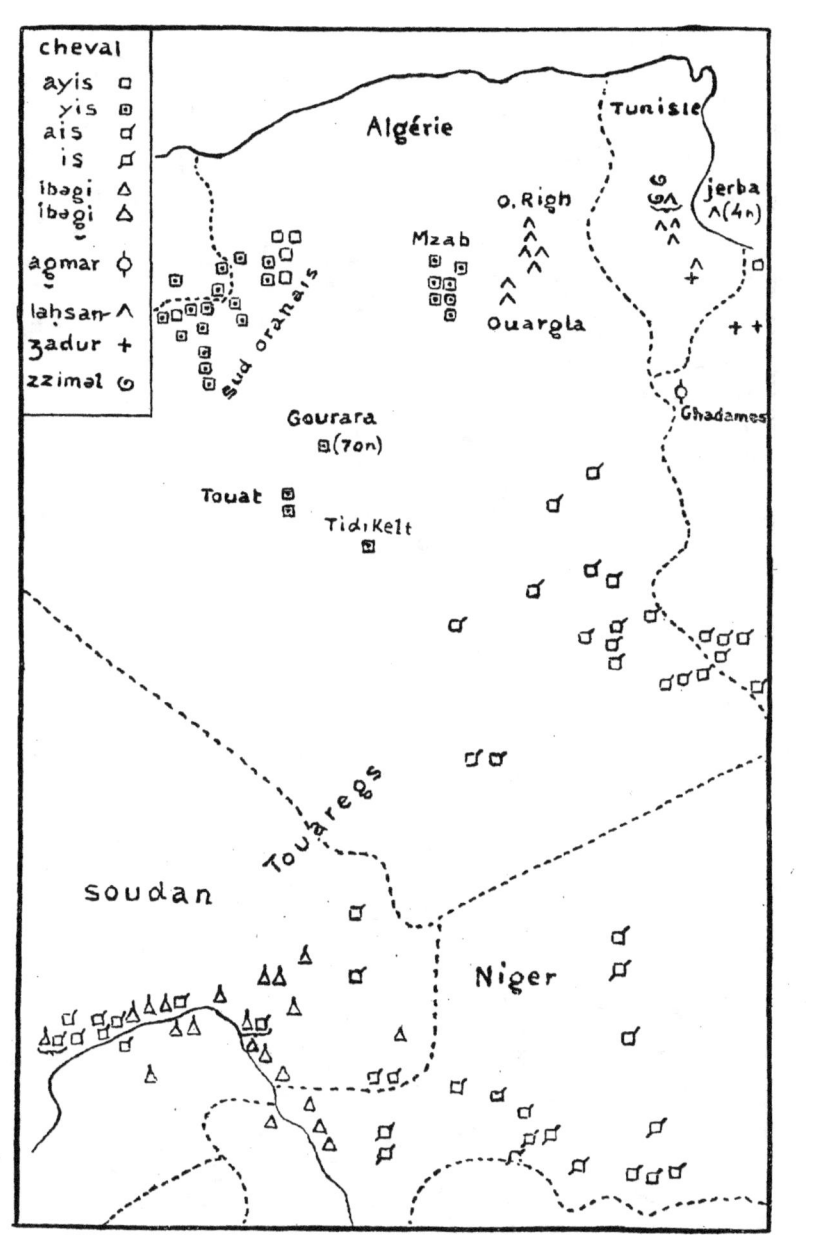

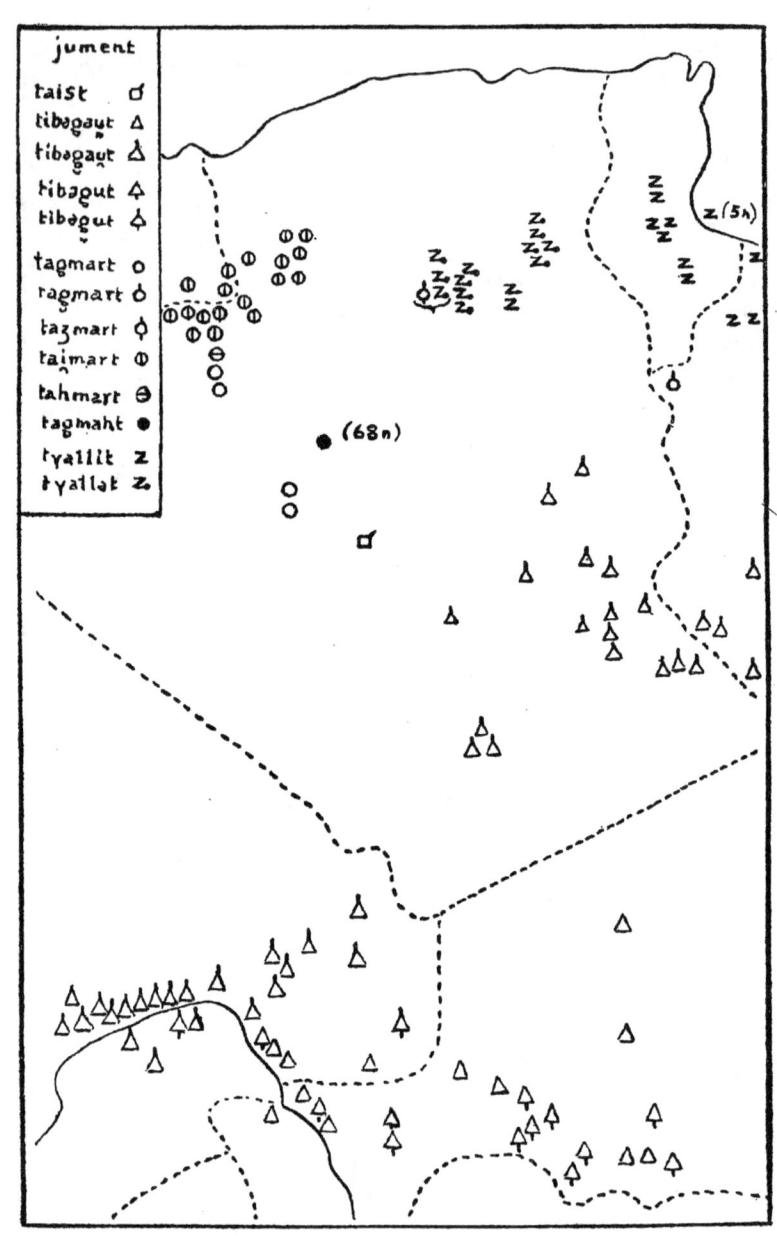

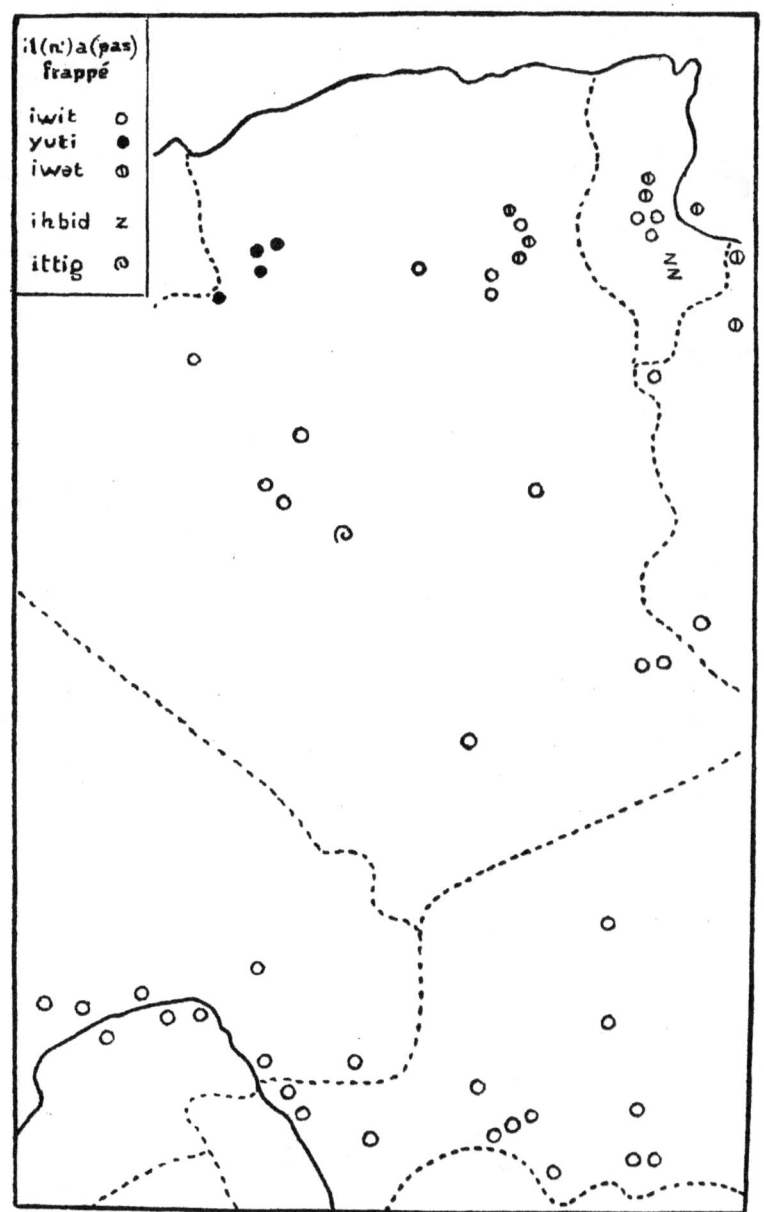

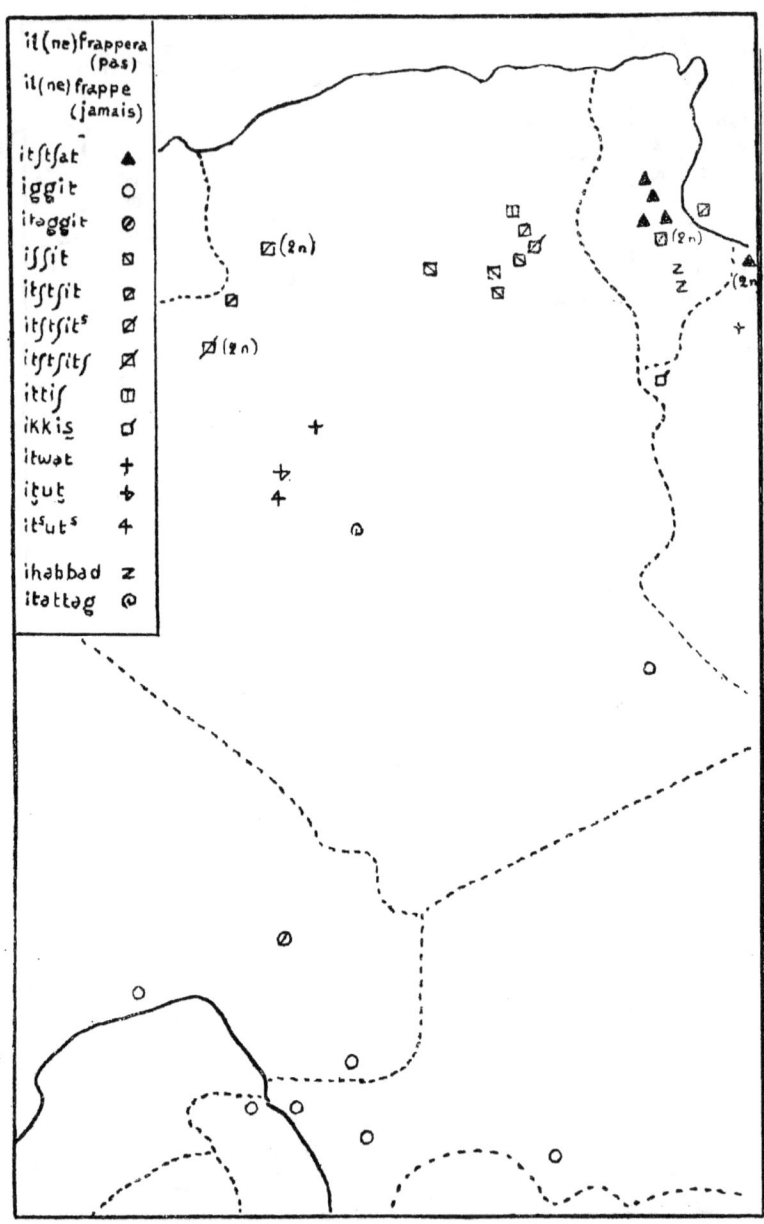

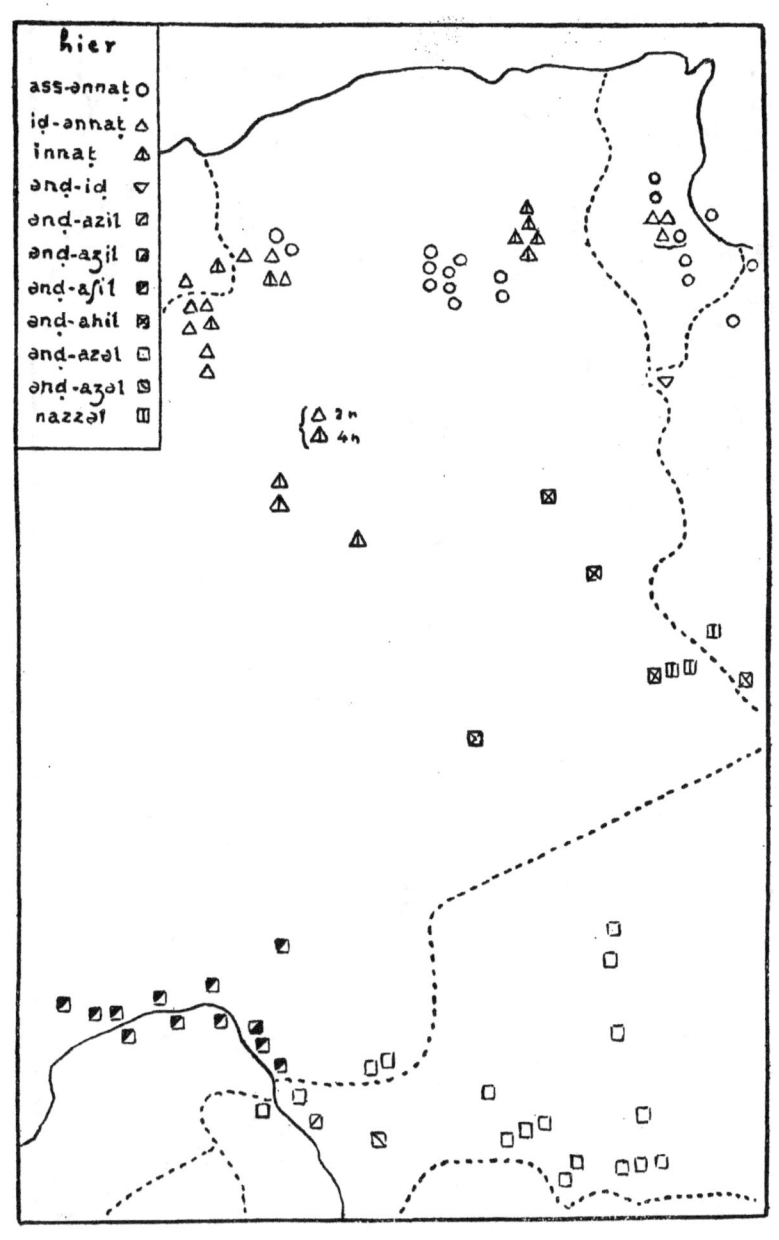

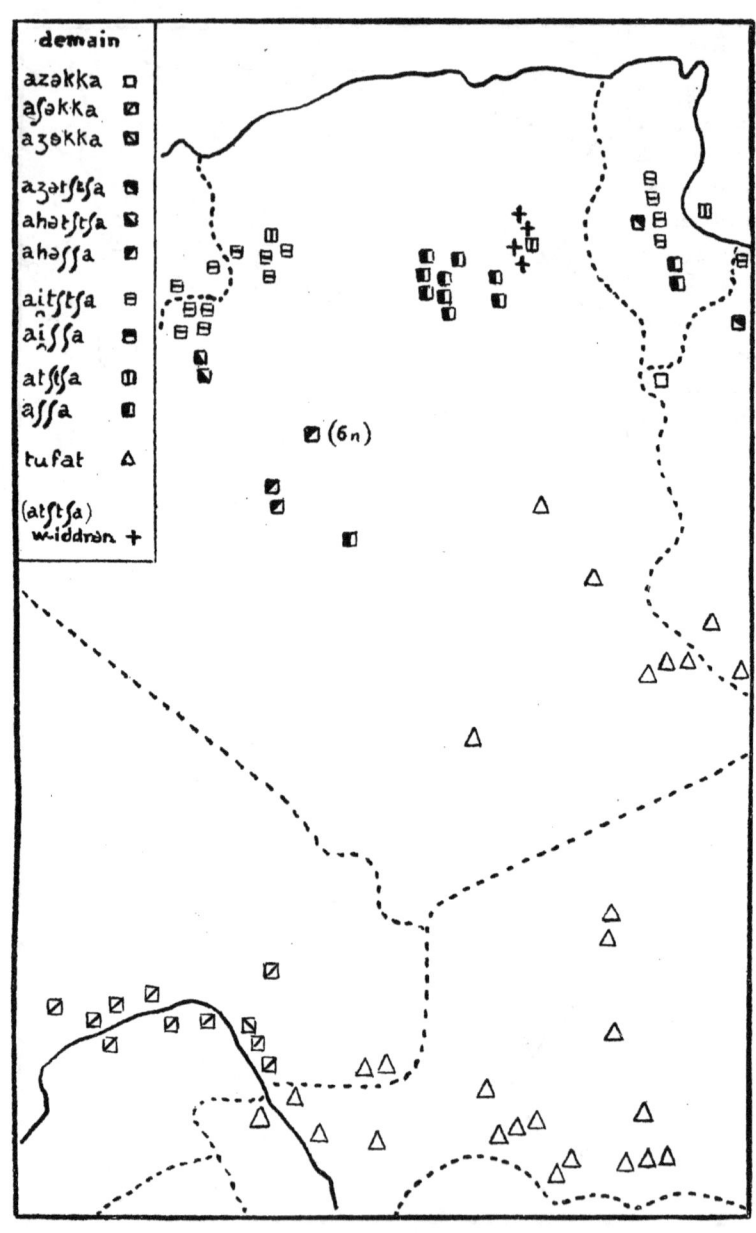

COMMENTAIRE

Les 6 croquis inédits précédents, bien que partiels, mais couvrant cependant déjà une vaste zone de la Berbérie, seront, pensons-nous, plus suggestifs et plus représentatifs que ne l'eût été le rapprochement de données extraites de quelques points arbitrairement choisis sur l'ensemble du domaine et isolés de leur entourage.

Sans insister ici sur des problèmes phonétiques non dédaignables, les deux premiers, consacrés à des termes nominaux, posent le problème des rapports d'appellation entre un mâle et une femelle, le cheval et la jument. L'emploi des signes symboliques fait immédiatement ressortir les rares superpositions — encore **taist** est-il accidentel — et les multiples divergences, plus généralement la quasi autonomie réciproque des deux croquis. — Tous les termes de la femelle sont tenus pour berbères; pour le mâle, **ləḥsan, žadur** et **zziməl** sont des emprunts arabes. — **ibəǵi** et **tibəǵaut** ne sont connus que des Touaregs; **tγallit** n'a jamais de masculin correspondant, **ayis** n'a de féminin qu'accidentel. — On peut compléter ces deux premiers croquis par les cartes déjà parues pour les territoires du nord de l'Algérie (région du Chélif, Kabylie, pays Chaouia).

Les deux suivants sont consacrés à deux opérations d'une même action verbale: 'il n'a pas frappé', 'il ne frappera pas' ou 'il ne frappe jamais'. Il n'a pas été tenu compte de l'expression particulière de la négation et l'on n'a retenu que le terme verbal, d'une part la 3ème pers. du masc. sing. du prétérit, d'autre part la 3ème pers. du masc. sing. de l'aoriste intensif, tous deux en proposition négative. Le problème lexical éliminé — substitution en trois points de **əhbəd** et **əttəǵ** à **wət** — le prétérit négatif (croquis 3) est normalement caractérisé par une sonante palatale devant la dernière radicale: **ihbid, ittiǵ**, dans les deux conjugaisons représentées par **əhbəd** et **əttəǵ**. Pour **wət**, s'il est également normalement caractérisé, en raison encore de la conjugaison intéressée, par une sonante palatale devant la dernière radicale, **iwit**, dans la majeure partie du domaine considéré, il l'est, par suite de déviation dialectale bien connue, par une sonante palatale post-radicale, **yuti**, dans une partie du sud oranais. Enfin, au nord-est du croquis, **iwət**, identique au prétérit positif, témoigne d'une tendance à la disparition du prétérit négatif.

A l'aoriste intensif (croquis 4), **həbbəd** et **təttəǵ** sont normalement constitués le premier par allongement de la deuxième consonne radicale, le second par préfixation de **t**, sans distinction, dans les parlers en question, de positif et de négatif. Quant à **wət**, l'aoriste intensif se forme normalement par allongement de la première radicale et voyelle **a** intra-radicale: ***wwat**. Secondairement et dialectalement, en proposition négative, à voyelle **a** est substituée voyelle **i**: ***wwit**. Les notations du croquis en **a** sont donc celles de parlers qui ne distinguent pas aoristes intensifs positif et négatif; celles en **i** sont celles de parlers qui ont un aoriste intensif négatif en **i** et un aoriste intensif positif en **a**. Nulle part **w** long n'est maintenu tel; il passe, avec répartitions dialectales, à **ǵǵ** (touaregs), ailleurs à **kk**, puis **tʃtʃ** et **ʃʃ**. La deuxième radicale **t** est elle-même susceptible d'altérations soit spontanées, soit sous l'influence de la première radicale devenue chuintante, celle-ci, par dissimilation secondaire, pouvant perdre alors son chuintantisme: **ittiʃ**. — **itəǵǵit** constitue un dialectalisme restreint, non relevé jusqu'ici, mais dont nous avons des témoignages concordants, par superposition d'un préfixe **t** à un thème d'impératif-aoriste intensif déjà normalement constitué. — Les notations de type **twət,** par seule préfixation de **t,** sont inattendues dans cette conjugaison : aussi, malgré leur nombre et leur concordance, ne les admettra-t-on que sous réserve de vérification.

Les croquis 5 et 6, 'hier' et 'demain', nous font entrer dans le problème des compléments circonstanciels de temps et dans le système adverbial. L'appellation d' 'hier' (croquis 5) est toujours ici un complexe dont l'un des éléments est **iḍ** 'la nuit' ou **ass** ou **azil** 'le jour', le second, encore obscur, préposé ou post-posé, signifiant 'autre', litt. 'l'autre nuit', 'l'autre jour'. — 'demain' (croquis 6), à part [atʃtʃa] **w-iddrən,** est toujours ici représenté par un nom, **tufat** ou **azəkka,** ce dernier, avec ses multiples variantes, témoignant d'altérations phonétiques particulièrement accentuées et parfois inhabituelles, en raison même de la valeur et de l'emploi du terme.

BIBLIOGRAPHIE

LE R.P. Esteban Ibáñez, pp. lv-lxxiii de son *Diccionario rifeño-español*, Madrid, 1949, vient de donner une riche et toute récente bibliographie par ordre alphabétique d'auteurs.

Il n'existe pas d'ouvrage d'ensemble sur le berbère dont les pages précédentes constitueraient un résumé. La synthèse de René Basset, *Etudes sur les dialectes berbères*, Paris, 1894, qui a fait date, est maintenant vieillie. Celle que j'ai entreprise en est toujours à son premier volume, André Basset, *La Langue berbère, Morphologie, le verbe, étude de thèmes*, Paris, 1929.

Il n'est pas d'étude locale poussée qui offre l'ensemble indispensable d'instruments de travail. Les deux plus belles, celle de Foucauld pour les Touaregs Ahaggar et de Destaing pour les Idaousemlal de l'Anti-Atlas marocain, sont restées inachevées. Il manque à celle de Foucauld le dictionnaire français-berbère et la grammaire dont les éléments sont dispersés dans le dictionnaire berbère-français, — à celle de Destaing, grammaire et dictionnaire berbère-français. On en est réduit pour utiliser simultanément, sur le plan scientifique, les trois ouvrages actuellement essentiels, à associer un dictionnaire berbère-français touareg, celui de Foucauld, un dictionnaire français-berbère chleuh, celui de Destaing, et une grammaire kabyle, les *Eléments de grammaire berbère (Kabylie, Irjen)* de André Basset et André Picard, Alger, 1948. Quant au vocabulaire comparé, il n'est guère encore représenté que par les deux fascicules parus de nos *Atlas de géographie linguistique* (Alger, 1936 et 1939) et par quelques croquis disséminés çà et là.

Dans les pages suivantes nous reprenons l'essentiel de la bibliographie par parlers regroupés plus ou moins artificiellement, pour plus de clarté, en régions. On se rendra ainsi immédiatement compte de l'état d'avancement de nos études région par région et lieu par lieu. On verra également, par les dates des ouvrages, les zones qui sont en faveur et celles qui sont négligées. On a naturellement fait la part belle aux études récentes.

I. ETUDES D'ENSEMBLE OU INTERZONES

(a) Généralités

ANDRÉ BASSET, *Les Berbères* dans *Revue intellectuelle*, 15 avril 1940, pp. 131–6.
—— *Le berbère* dans *Cent-cinquantenaire de l'École des Langues Orientales vivantes*, Paris, Imprimerie Nationale, 1948, pp. 249–64.
—— *Quelques considérations sur la langue berbère* dans *Le Monde non-chrétien*, juil.-sept. 1949, pp. 276–87.
—— *L'avenir de la langue berbère dans l'Afrique du Nord* dans *Entretiens sur l'évolution des pays de civilisation arabe*, t. 3, Paris, Hartmann, 1938, pp. 183–6.
F. BEGUINOT, *Gli studi di linguistica berbera* dans *Atti del primo Congresso di Studi coloniali*, Firenze, 1931, 10 p.
—— *Gli studi berberi dal 1919 al maggio 1922* dans *Rivista degli studi orientali*, vol. 9, pp. 382–408.

(b) Phonétique

ANDRÉ BASSET, *Le système phonologique du berbère* dans *GLECS*, t. 4, pp. 33–36 (27 nov. 1946).
PIETRO BRONZI, *Frammento di fonologia berbera*, Bologne, 1919, 50 p.
H. SCHUCHARDT, *Berberische Hiatustilgung*, Vienne, Kais. Ak. Wissens. in Wien, Sph. 182/1, 1916, 60 p.
ANDRÉ BASSET, *A propos de l'article de Schuchardt sur la rupture d'hiatus en berbère* dans *Atti del XIX Congresso internazionale degli orientalisti*, Roma, 1938, pp. 111–13.
E. DESTAING, *Entretien sur la question des labio-vélaires en chamito-sémitique: berbère* dans *GLECS*, t. 3, p. 7 (22 déc. 1937).
F. BEGUINOT, *Alcune etimologie e questioni fonetiche magrebine* dans *Annali del R. Istituto superiore orientale di Napoli*, nuova serie vol. 2, 1943, 13 p.

F. Beguinot, *Sul trattamento delle consonanti B, V, F, in Berbero* dans *R. Acc. naz. dei Lincei*, Rendiconti, vol. **33**, 1924, pp. 186–99.

(c) Morphologie

André Basset, *Le système grammatical du berbère* dans *Conférences de l'Institut de Linguistique de l'Université de Paris*, **2**, 1934, pp. 15–24.

G. Marcy, *Essai d'une théorie générale de la morphologie berbère* dans *Hespéris*, t. **12**, 1931, pp. 50–90 et 177–203.

André Basset, *L'alternance vocalique dans la morphologie berbère* dans *Atti del III Congresso intern. dei Linguisti* (1933), pp. 200–1.

—— *Entretien sur la détermination et l'indétermination: berbère* dans *GLECS*, t. **2**, p. 52 (25 mars 1936).

André Basset, *La Langue berbère, Morphologie, le verbe, étude de thèmes*, Paris, Leroux, 1929, lii, 268 p.

E. Destaing, *Note sur la conjugaison des verbes de forme C^1eC^2* dans *Mémoires de la Société de Linguistique de Paris*, t. **21**, pp. 139–48 (matériaux concernant 45 parlers différents).

G. Marcy, *Note sur l'instabilité dialectale du timbre vocalique berbère et la conjugaison des verbes de type neġ* dans *Hespéris*, 1933, pp. 139–50.

E. Destaing, *Notes sur le verbe passif* dans *GLECS*, t. **2**, p. 31 (19 juin 1935).

M. Cohen, *A propos du classement de la forme d'habitude dans la grammaire berbère* dans *GLECS*, t. **4**, pp. 37–40 (22 janv. 1947).

André Basset, *Sur le participe berbère* dans *GLECS*, t. **5**, pp. 34–36 (29 juin 1949).

—— *Notes sur le genre dans le nom et dans le verbe en berbère* dans *Cinquantenaire de la Faculté des Lettres d'Alger*, Alger, 1932, pp. 63–71.

André Basset, *Formations accidentelles en berbère* dans *GLECS*, t. **3**, p. 45 (25 janv. 1939).

H. Schuchardt, *Zu den berberischen Substantiven auf -im* dans *Wiener Zeitsch. für die Kunde des Morgenl.*, 1912, t. **26**, pp. 163–70.

—— *Berberische Studien, I. Ein alter Plural auf ụ?* dans *Wiener Zeitschrift* . . . 1908, t. **22**, pp. 245–64.

André Basset, *Sur le pluriel nominal berbère* dans *Revue africaine*, 1942, pp. 255–60.

—— *Note sur l'état d'annexion en berbère* dans *Bul. Soc. ling. Paris*, 1932, t. **33**, fasc. 2, pp. 173–4.

—— *Sur la voyelle initiale en berbère* dans *Rev. Africaine*, 1945, pp. 82–88.

René Basset, *Les mots arabes passés en berbère* dans *Orientalische Studien Theodor Nöldeke . . . gewidmet*, 1906, pp. 439–43.

A. Klingenheben, *Zu den Zählmethoden in den Berbersprachen* dans *Zeits. f. Eing.*, t. **17**, 1927, pp. 40–51.

G. Marcy, *Remarques sur le pronom suffixe de la 3ème pers. dans les parlers berbères* dans *GLECS*, t. **3**, pp. 59–60 (26 avril 1939).

André Basset, *Note sur l'élément démonstratif en berbère* dans *Bul. Soc. Ling. Paris*, t. **34**, fasc. 2, 1933, pp. 213–15.

E. Destaing, *Note sur l'élément démonstratif en berbère*, dans *Mémoires Soc. Ling. Paris*, t. **22**, pp. 186–200 (matériaux concernant 54 parlers différents).

G. Marcy, *Note sur le pronom relatif-démonstratif en berbère* dans *GLECS*, t. **1**, p. 46 (23 mai 1934).

—— *Notes sur le pronom relatif sujet et le pseudo-participe dans les parlers berbères* dans *Bul. Soc. Ling. Paris*, t. **37**, 1936, pp. 45–57.

E. Destaing, *Sur les pronoms walli, wanna* dans *GLECS*, t. **2**, pp. 57–58 (27 mai 1936).

G. Marcy, *Fonctions originales dans les parlers berbères des pronoms démonstratifs-relatifs id/īn* dans *Bul. Soc. Ling. Paris*, t. **40**, 1939, pp. 151–73 (résumé dans *GLECS*, t. **3**, pp. 29–32, 22 juin 1938).

E. Destaing, *Les particules d et n en berbère* dans *GLECS*, t. **2**, pp. 3–4 (28 nov. 1934).

(d) *Syntaxe*

ANDRÉ BASSET, *La proposition sans verbe en berbère* dans *GLECS*, t. 4, pp. 90-92 (26 mai 1948).
—— *Sur la proposition indépendante et la proposition relative en berbère* dans *GLECS*, t. 4, pp. 30-32 (26 mai 1946).
H. STUMME, *Eine sonderbare Anwendung von Akkusativkonfixen im Berberischen* dans *Festschrift Meinhof*, Hamburg, 1927, pp. 81-87.

(e) *Lexique*

RENÉ BASSET, *Le nom du chameau chez les berbères* dans XIVème *congrès intern. des orientalistes*, Alger (1905), 2ème partie, 7ème sect., pp. 69-82.
—— *Les noms de métaux et de couleur en berbère* dans *Mém. Soc. Ling. Paris*, t. 9, pp. 58-92.
A. CUNY, *Linguistique et préhistoire, noms de métaux en chamito-sémitique et en indo-européen* dans *Scritti in onore di Alfredo Trombetti*, Milano, 1936, 25 p. (pp. 23-25 du t. à p., note de André Basset sur les noms du fer et de l'or en berbère).
G. MARCY, *Au sujet du nom berbère du fer* dans *GLECS*, t. 2, pp. 74-76 (27 janv. 1937).
—— *A propos de berbère tafaska* dans *Actes du 19ème cong. int. des orient.*, Rome, 1935, pp. 145-8.
—— *Notes linguistiques relatives à la terminologie marocaine indigène des vents* dans *Mém. Soc. Sc. Nat. Maroc*, n° 41, 15 sept. 1935, pp. 90-97.
—— *Le mot hallûf est-il d'origine berbère?* dans *Bull. Etudes arabes*, 1941, pp. 106-7 et 1942, p. 10.
ANDRÉ BASSET, *Le nom de la porte en berbère* dans *Mélanges René Basset*, Paris, Leroux, 1925, pp. 1-16.
—— *Notes de linguistique berbère* dans *Hespéris*, 1923, pp. 69-81.
—— *Le nom du coq en berbère* dans *Mélanges Vendryes*, Paris, Champion, 1925, pp. 41-54.
—— *Sur quelques termes berbères concernant la basse-cour* dans *Mémorial Henri Basset*, Paris, Geuthner, 1928, pp. 5-28.
—— *Autour d'une racine berbère* dans *Annales Inst. Et. Or. Alger*, t. 1 (1934-5), pp. 73-76.
—— *A propos d'un dérivé à nasale* dans *Ann. Inst. Et. Or. Alger*, t. 3 (1937), pp. 110-16.
—— *Au sujet de berbère (t)aḥyam(t)/(t)aḥḥam(t) 'tente, maison'* dans *GLECS*, t. 3, pp. 91-92 (23 avril 1940).
—— *Quatre études de linguistique berbère* dans *Journal Asiatique*, t. 232, 1940, pp. 161-291.
—— *Six notes de linguistique berbère* dans *Ann. Inst. Et. Or. Alger*, t. 5, (1939-41), pp. 16-40.
—— *Berbère isnin 'tous les deux'* dans *GLECS*, t. 4, pp. 19-20 (27 mars 1946).
—— *Entretiens sur la mise à part, faits berbères* dans *GLECS*, t. 4, pp. 65-66 (26 nov. 1947).

TRABUT, *Répertoire des noms indigènes des plantes spontanées cultivées et utilisées dans le nord de l'Afrique*, Alger, 1935, 355 p. (très mauvais).
RENÉ BASSET, *Les noms berbères des plantes dans le traité des simples d'Ibn el Beïtar* dans *Giornale della Soc. Asiat. Ital.*, vol. 12 (1899), 14 p.
MEYERHOF, *Un glossaire de matière médicale de Maïmonide*, Le Caire, 1940 (p. 253, index des noms berbères).
H. P. J. RENAUD et G. S. COLIN, *Tuḥfat al-aḥbab, glossaire de la matière médicale marocaine*, Paris, Geuthner, 1934 (passim, noms berbères de plantes).
G. S. COLIN et H. P. J. RENAUD, *Ibn al-h'acha, glossaire sur le mans'uri de Razès*, Rabat, 1941 (passim, noms berbères de plantes au XIIIème siècle).

DE CALASSANTI-MOTYLINSKI, *Le nom berbère de Dieu chez les Abadhites* dans *Revue Africaine*, 1905, p. 141 sq.
RENÉ BASSET, *Les chiens du roi Antef* dans *Sphinx*, t. 1, pp. 87-92 et 222-24.
F. BEGUINOT, *A proposito di una voce libica citata da Erodoto* dans *Africa Italiana*, nuova serie, anno III, 1924, 7 p.
—— *Per gli studi di toponomastica libico-berbera* dans *XI congr. geogr. Ital.*, Napoli, 1930, 7 p.
L. GALAND, *Baquates et Barghawâṭa* dans *Onomastica*, 1948, pp. 133-4.
G. MARCY, *Notes linguistiques autour du périple d'Hannon* dans *Hespéris*, 1935, t. 20, pp. 21-72.
—— *L'origine du nom de l'île de Fer* dans *Mélanges d'études luso-marocaines dédiées à la mémoire de David Lopes et de P. de Cenival*, Paris, Les Belles Lettres, 1945, pp. 219-23.

ANDRÉ BASSET, *De nouveau à propos du nom de l'île de Fer* dans *Onomastica*, 1948, pp. 121-2.
SCHUCHARDT, *Die romanischen Lehnwörter im Berberischen* dans *Kais. Ak. Wissens. in Wien*, phil.-hist. Kl. Sitzungsb. 188, Bd. 4, Abhand., 1918, 80 p.
—— *Lat. buda: tamarix*, dans *Zeits. f. rom. Philologie*, t. 33, Halle, pp. 347-52.
G. S. COLIN, *Etymologies maġribines* dans *Hespéris*, 1926, pp. 55-82 et 1927, pp. 85-102.
H. SCHUCHARDT, *Berberische Studien*, II. *Zu den arabischen Lehnwörtern* dans *Wiener Zeits.*, t. 22, pp. 351-84.
F. BEGUINOT, *Proposition en vue d'éditer un dictionnaire comparé des dialectes de la langue berbère* dans *Actes du Congrès de l'Inst. intern. des langues et civilis. africaines*, Paris, 1931, 8 p.

(f) *Géographie linguistique*

ANDRÉ BASSET, *Atlas linguistiques des parlers berbères, Algérie, Territoires du nord*, fasc. I, *Equidés*, 25 cartes+91 p. in-f., Alger, 1936; —fasc. II, *Bovins*, 21 cartes+80 p. in-f., Alger, 1939.
—— *Aires phonétiques homogènes et non homogènes* dans *Proceedings of the Third Intern. Congress of Phonetic Sciences*, Ghent, 1938, pp. 258-61.
—— *Présentation de cartes linguistiques berbères* dans *GLECS*, t. 1, p. 42 (21 mars 1934) et t. 2, pp. 80-82 (17 mars 1937).
—— *Présentation des premières cartes d'un atlas linguistique, en cours de réalisation, des parlers du Sahara et du Soudan* dans *Actes du 4ème Congrès intern. de linguistes* (1936), pp. 177-81 (3 croquis).
—— *La langue berbère dans les territoires du sud* dans *Revue Africaine*, 1941, pp. 62-71 (4 croquis).
—— *La langue berbère au Sahara* dans *Cahiers Charles de Foucauld*, vol. 10, 1948, pp. 115-27 (4 croquis).
Voir également ci-dessous II. A.*a* (Tachelhait), E.*a* (Kabylie), J.*a* (Touaregs).

(g) *Localisation des parlers berbères*

ANDRÉ BASSET, *Situation actuelle des parlers berbères dans le département d'Oran* dans *Revue Africaine*, 1936, pp. 1001-6.
—— *Les ksours berbérophones du Gourara* dans *Revue Africaine*, 1937, pp. 353-5.
DOUTTÉ et GAUTIER, *Enquête sur la dispersion de la langue berbère en Algérie*, Alger, Jourdan, 1913, 163 p.+une carte.
Voir également, ci-dessus *f*, les différentes études de géographie linguistique.

II. ETUDES RÉGIONALES ET LOCALES.

A. SUD DU MAROC OU TACHELHAIT

(a)

E. LAOUST, *Cours de berbère marocain, dialecte du Sous, du Haut et de l'Anti-atlas*, Paris, Challamel, 2ème éd. 1936 (textes en 6 ou 7 parlers différents).
JUSTINARD, *Manuel de berbère marocain, dialecte chleuh*, Paris, Guilmoto, 1914, 164 p. (textes en trois parlers différents).
CID KAOUI, *Dictionnaire français-tachelh'it et français-tamazir't*, Paris, Leroux, 1907, 248 p.
JORDAN, *Dictionnaire berbère-français*, Editions Omnia., Rabat, 1934, 159 p.
RENÉ BASSET, *Loqman berbère*, Paris, Leroux, 1890, 409 p. (12 textes dont quatre localisés à Tamegrout).
—— *Poème de Çabi en dialecte chelh'a* dans *Journal Asiatique*, 1879, 35 p.
—— *Recueil de textes et de documents relatifs à la philologie berbère*, ch. 3, 'Dialecte chelh'a du Sous et de l'Oued Dra'a', dans *Bull. de correspondance africaine*, 1886, pp. 98-119.
—— *Le dialecte berbère de Taroudant* dans *Giornale della Soc. asiat. ital.*, vol. 8 (1895), pp. 1-63.
JOHNSTON, *Fadma tagurramt par Sidi Hammou dit g'zgrouz* dans *Actes du 14ème Cong. intern. des Orient.*, Alger (1905), t. 2, 4ème section, pp. 100-13.

JUSTINARD, *Notes d'histoire et de littérature berbères* dans *Hespéris*, 1925, pp. 227–38 (textes).
—— *Poèmes chleuhs recueillis au Sous* dans *Revue du Monde Musulman*, vol. **60**, 1925, pp. 63–107 (textes).
LAOUST, *Mots et choses berbères*, Paris, Challamel, 1920, 531 p. (textes en 7 ou 8 parlers différents pour cette région (voir en effet ci-dessous B.*f*); en outre, dans les notes, références à quantité de parlers de toutes zones, mais sans départ entre documentation originale ou empruntée).
—— *Contes berbères du Maroc*, Paris, Larose, 1949, 1er vol. (textes) 178 p., 2ème vol. (traductions et notes) 317 p. (une vingtaine de parlers du Maroc du sud et du Maroc central).
En outre, un texte chleuh dans Hanoteau, *Grammaire kabyle* (pp. 352–3) et René Basset, *Manuel kabyle* (p. 35*).
WESTERMARCK, *Nomina im status absolutus und status annexus in der südmarokkanischen Berbersprache* dans *Öfversigt af Finska Vetenskaps-Soc. Förhandlingar*, Bd. **56**, 1913–14, Helsingfors, 40 p.
G. MARCY, *Sur l'alternance a/ad dans le pronom relatif commun en berbère du Sous* dans *Bul. Soc. Ling. Paris*, t. **34**, 1933, pp. 203–12 (résumé dans *GLECS*, t. **1**, p. 18, 21 déc. 1932).
E. DESTAING, *Remarques sur la qualification en Tachelhit du Sous (Maroc)* dans *GLECS*, t. **3**, pp. 25–26 (25 mai 1938).
G. MARCY, *Les phrases berbères des 'Documents inédits d'histoire almohade'* dans *Hespéris*, 1932, pp. 61–77.
E. LAOUST, *Contribution à la toponymie du Haut-Atlas* dans *Revue des Etudes Islamiques*, 1939–40 (tirage à part, Paris, Geuthner, 1942, 179 p.).
ANDRÉ BASSET, *Etudes de géographie linguistique dans le Sud marocain* dans *Hespéris*, 1942, pp. 3–22.

(*b*) *Ait Baamran*

STUMME, *Mitteilungen eines Schilḥ über seine Marokkanische Heimat* dans *ZDMG*, Bd. **61**, 1907, pp. 503–41.
JUSTINARD, *Les Ait Baamran*, Paris, Champion, 1930, 144 p. (textes).

(*c*) *Tazeroualt*

STUMME, *Handbuch des Schilḥischen von Tazerwalt*, Leipzig, Hinrich, 1899, 249 p.
—— *Märchen der Schluḥ von Tazerwalt*, Leipzig, Hinrich, 1895, 208 p.
—— *Elf Stücke im Šilḥa-dialekt von Tázěrwalt* dans *ZDMG*, vol. **48**, 1894, 28 p.
—— *Dichtkunst und Gedichte der Schluḥ*, Leipzig, Hinrich, 1895, 86 p.

(*d*) *Ait Ougersif*

E. DESTAING, *Etude sur la Tachelḥît du Soûs*, I. *Vocabulaire français-berbère*, Paris, Leroux, 1920, 300 p.

(*e*) *Aksimen*

E. DESTAING, *Textes berbères en parler des Chleuḥs du Sous*, Paris, Geuthner, 1940–5, 420 p. (42 textes des Aksimen et 18 des Ait ougersif).
—— *Interdictions de vocabulaire en berbère* dans *Mélanges René Basset*, Paris, Leroux, 1925, t. **2**, pp. 177–277 (texte et notes lexicographiques).
—— *Les Beni Merin et les Beni Wattas, Légende marocaine* dans *Mémorial Henri Basset*, Paris, Geuthner, 1928, pp. 229–37 (texte).

(*f*) *Massa*

NEWMAN, *The narrative of Sidi Ibrahim ben Muhammed el Messi el Súsi in the Berber language* dans *Journal of R. Asiatic Soc.*, vol. **9**, pp. 215–66.

(*g*) *Indaouzal*

LUCIANI, *El H'aoud, texte berbère par Meh'ammed ben Ali ben Brahim*, publié par . . ., Alger, Jourdan, 1897, 246 p., extrait de la *Revue Africaine* (Poème du début du 18ème siècle).

(h) Imentaigen et Idaouziki (indifférenciés)

JORDAN, *Textes berbères, dialecte Tachelhait*, Editions Omnia, Rabat, 1935, 142 p.

(i) Ihahan

E. LAOUST, *Pêcheurs berbères du Sous* dans *Hespéris*, 1923, pp. 237–64 et 297–361 (textes en parlers des Neknafa, des Ait Ammer et des Idaouzemzem, et aussi d'Agadir n-ighir et de Massa, ci-dessus *f*).

G. S. COLIN, *Notes de dialectologie arabe, observations sur un 'vocabulaire maritime berbère'* dans *Hespéris*, 1924, pp. 175–9.

(j) Iguedmiouen

A. ROUX, *Récits, contes et légendes berbères en Tachelhait*, Rabat, 1942, 123 p. (en outre, textes des Ait Briim et des Akhsas de l'Anti-Atlas).

B. MAROC CENTRAL

(a)

ABÈS, *Première année de langue berbère (dialecte du Maroc Central)*, Rabat, 1916 (un texte pour chacun des groupes suivants: Ait Ndhir, Imejjad, Igerouan, Ait Mgild, Ait Yousi, Izayan, Ait Sgougou, Ait Yakoub, Ichqern, Ait Seghrouchen, Ait Yafelman), 147 p.

CID KAOUI, *Dictionnaire français tachelh'it et tamazir't*, Paris, 1907.

ROUX, *Quelques argots arabes et berbères du Maroc* dans *Revue Africaine*, 1936, pp. 1067–88.

(b) Tounfit (Ait Yahya, Ait Sliman)

A. ROUX, *Un chant d'amdyaz, l'aède berbère du groupe linguistique beraber* dans *Mémorial Henri Basset*, Paris, Geuthner, 1928, pp. 237–42.

REYNIERS, *Taougrat*, Paris, Geuthner, 1930, 89 p.

(c) Dadès

E. BIARNAY, *Six textes berbères des Berabers du Dadès* dans *Journal asiatique*, mars–avril 1912, pp. 347–71 (textes de Tiselli, en outre un texte de Tizgi n-igourramen dans l'Asif n-gir).

(d) Ait Izdeg

H. MERCIER, *Vocabulaires et textes berbères dans le dialecte berbère des Ait Izdeg*, Rabat, Céré, 1937, 512 p.

(e) Demnat

S. BOULIFA, *Textes berbères en dialecte de l'Atlas-Marocain*, Paris, Leroux, 1909, 388 p.

(f) Ntifa

E. LAOUST, *Étude sur le dialecte berbère des Ntifa*, Paris, Leroux, 1918, 446 p. (en outre 4 textes des Infedouaq (Tasemsit), 4 des Imeghran (Ifelladen), et un texte des Ait bou Oulli: Andikhf).

—— *Mots et choses berbères*, Paris, 1920 (en outre textes dans une dizaine de parlers différents de la même zone).

(g) Ait Messad

E. LAOUST, *Un texte dans le parler berbère des Ait Messad* dans *Mélanges René Basset*, Paris, Leroux, 1925, t. **2**, pp. 305–34 (en outre, dans les notes, références personnelles ou non à de nombreux parlers).

(h) Ighezran, Beni Alaham, Marmoucha

A. ROUX, *Le verbe dans le parler berbère des Ighezran, Beni Alaham et Marmoucha* dans *Bul. Soc. Ling. Paris*, t. **36**, 1935, pp. 43–78.

BIBLIOGRAPHIE

(i) Izayan

V. LOUBIGNAC, *Étude sur le dialecte berbère des Zaïan et Ait Sgougou*, Paris, Leroux, 1924, 2 vol., 596 p.

(j) Ait Seghrouchen

E. DESTAING, *Étude sur le dialecte berbère des Ait Seghrouchen*, Paris, Leroux, 1920, 412 p. (indications dans le texte ou dans les notes concernant de nombreux autres parlers, surtout dans le chapitre du pronom personnel).

(k) Ait Ndhir

BISSON, *Leçons de berbère tamazight*, Rabat, Moncho, 1940, 292 p. (Ait Naaman).

E. LAOUST, *Cours de berbère marocain, dialecte du Maroc central*, 2ème éd., Paris, 1928, 323 p. (en outre, textes des Zemmour (Ait Ouribel, Ait Ouahi, Ait Siber); indications concernant également les Ait Mgild, les Izayan, les Ait Sgougou, les Ichqern et même les Ait Seghrouchen).

—— *Chants berbères contre l'occupation française* dans *Mémorial Henri Basset*, Paris, Geuthner, 1928, t. 2, pp. 9-20.

A. ROUX, *Récits, contes et légendes dans le parler des Beni Mtir*, Rabat, 1942, 101 p.

(l) Ait Mgild et Ait Sadden

E. BIARNAY, *Notice sur les dialectes berbères parlés par les Aith Sadden et les Beni Mgild*, à la suite de *Étude sur le dialecte des Bet't'ioua du Vieil Arzeu*, Alger, Jourdan, 1911, pp. 200-45 (t. à p. de la *Revue Africaine*).

(m) Ait bouzeggou

CH. PELLAT, *Deux textes dans le parler berbère des Ait bu zeggu de Mestigmeur* dans *Revue Africaine*, 1947, pp. 254-9.

Voir également DESTAING, *Dictionnaire français-berbère* (ci-dessous D.c), Paris, Leroux, 1914 (140 notations).

(n) Zkara, O. Amer, B. Hamlil, B. Bouyala

Voir DESTAING, *Dict. fr.-berb.*, Paris, 1914: 558 notations des Zkara, 40 des O. Amer, 1 des B. Hamlil, et 1 des B. Bouyala.

C. NORD DU MAROC

(a) Ghmara

G. S. COLIN, *Le parler berbère des Ġmāra* dans *Hespéris*, 1929, pp. 43-58.

(b) Rif

ANDRÉ BASSET, *Arabophones et berbérophones dans le nord marocain* dans *Rif et Jbala*, Paris, Larose, 1926, 2 p.

E. LAOUST, *Le dialecte berbère du Rif* dans *Hespéris*, 1927, pp. 173-208.

FR. PEDRO SARRIONANDIA, *Gramática de la Lengua rifeña*, Tanger, 1905, 458 p.

FR. ESTEBAN IBÁÑEZ, *Diccionario español-rifeño*, Madrid, 1944, 440 p.

—— *Diccionario rifeño-español*, Madrid, 1949, lxxiii-336 p.

—— *Voces hispano-latinas en el dialeto rifeño* dans *Verdad y vida*, Madrid, 1947, pp. 365-81.

RENÉ BASSET, *Loqman berbère*, Paris, 1890 (six textes des Temsaman).

—— *Notes de lexicographie berbère* (extrait du *Journal asiatique*), 1883, pp. 4-23 (Iqrâyen).

—— *Etude sur les dialectes berbères du Rif marocain* dans *Actes du XIème Congrès Int. Orient.*, Paris, 1897, Sect. Egypte et langues afric., pp. 71-171 (Iqrâyen, Ait Said, Temsaman, B. Ouriaghel, Ibeqqoyen, Ikebdanen).

E. BIARNAY, *Etude sur les dialectes berbères du Rif*, Paris, Leroux, 1917, 606 p. (Ibeqqoyen, Ait Ouriaghel, Ait Touzin, Temsaman, Ikebdanen, Ait Iṭṭeft).

RENISIO, *Etude sur les dialectes berbères des Beni Iznassen, du Rif et des Senhaja de Srair*, Paris, 1932, 465 p. (Ait Amert, Ibeqqoyen, Ait Ouriaghel, Ait Touzin).

André Basset, *Note sur les parlers rifains du Zerhoun* dans *4ème Congrès Féd. Soc. Sav. Afr. Nord*, Rabat, 1938, pp. 877-81.

En outre, un texte des Iqrâyen dans Hanoteau, *Grammaire kabyle*, pp. 350-2, René Basset, *Manuel kabyle*, p. 37*; Mouliéras, *Le Maroc inconnu*, 1895 (1ère partie, pp. 159-62); Biarnay, *Vieil Arzeu*; un texte des Ait Said (Biarnay, ibid.) et un texte des Temsaman (Biarnay, ibid.).

(c) Senhaja de Srair

Renisio, *Etude sur les dialectes berbères . . . des Senhaja de Srair*, Paris, 1932 (Ait Bechir, Ait Ahmed, Ait Bunsar, Taghzout).

(d) Igeznayen

Justinard, *Manuel de berbère marocain, dialecte rifain*, Paris, Geuthner, 1926, 168 p.

(e) Beni Iznacen

Renisio, *Etude sur les dialectes berbères des B. Iznassen . . .*, Paris, 1932.
Destaing, *Dictionnaire français-berbère . . .*, 1914 (1.308 notations).
René Basset, *Loqman berbère*, Paris, 1890 (un texte).
—— *Notice sur le dialecte berbère des B. Iznacen* dans *Giornale Soc. Asiat. Italiana*, vol. 11, 1898, pp. 1-14.

D. Algérie du Nord (occidentale et centrale)

(a) Colonie rifaine du Vieil Arzeu

E. Biarnay, *Etude sur le dialecte des Bet't'ioua du Vieil Arzeu* dans *Revue Africaine*, n° 277 à 282, 1910-11, 199 p.
Voir également René Basset, *Loqman berbère* (2 textes) et *Etude sur les dialectes berbères du Rif* (1897), pp. 168-71.

(b) Beni bou Said

René Basset, *Nedroma et les Traras*, Paris, Leroux, 1901, pp. 136-57.
Voir également Destaing, *Dict. fr.-berb.*, 1914 (17 notations).

(c) Beni Snous

E. Destaing, *Etude sur le dialecte berbère des Beni Snous*, Paris, Leroux, 2 vol., 1907 et 1911, 377 et 332 p. (en outre indications concernant les parlers de la frontière algéro-marocaine).
—— *Dictionnaire français-berbère (dialecte des Beni Snous)*, Paris, Leroux, 1914, 374 p. (indépendamment des notations déjà signalées en B. *m, n* pour les Ait bou zeggou, les Zkara, O. Amer, B. Hamlil, les B. Bouyala et en D. *b* pour les Beni bou Said, en contient pour la région du Chélif et la montagne de Blida: voir ci-dessous *e, f, h, i, k*).
—— *L'ennayer chez les Beni Snous* dans *Rev. Africaine*, 1905, pp. 51-70 (texte).
—— *Le fils et la fille du roi* dans *Recueil de mémoires et de textes publié en l'honneur du XIVème Cong. Intern. Orient. . . .*, Alger, Fontana, 1905, pp. 179-95 (texte).
—— *Fêtes et coutumes saisonnières chez les Beni Snous* dans *Revue Africaine*, 1907, pp. 244-84 (Texte: Ait Larbi).
—— *Quelques particularités sur le dialecte berbère des Beni Snous* dans *Actes du XIVème Cong. Intern. Orient.*, Alger, 1905, 4ème section, pp. 93-99.

(d) Achacha, B. H'alima, Ouarsenis (B. Bou 'attab)

René Basset, *Etude sur la Zenatia de l'Ouarsenis et du Maghreb central*, Paris, Leroux, 1895, 162 p.
Voir également René Basset, *Loqman berbère* pour l'Ouarsenis (4 textes) et pour les B. H'alima (un texte).

(e) Haraoua

Voir René Basset, *Maghreb Central*, 1895, *Loqman berbère* (3 textes: B. Ouala) et Destaing, *Dict. fr.-berb.*, 1914 (31 notations).

(f) *Metmata du Djendel*
Voir DESTAING, *Dict. fr.-berb.*, 1914 (1.675 notations).

(g) *Beni Ferah': el 'anab*
Voir RENÉ BASSET, *Maghreb central*, 1895.

(h) *B. Rached, Senfita, Gheraba*
Voir DESTAING, *Dict. fr.-berb.*, 1914 (115 notations pour les Beni Rached, 117 pour les Senfita, 3 pour les Gheraba).

(i) *Beni Menacer*
RENÉ BASSET, *Loqman berbère*, Paris, 1890 (41 textes).
—— *Notes de lexicographie berbère*, extrait du *Journal Asiat.*, 1885, 111 p.
—— *Recueil de textes et de documents relatifs à la philologie berbère* dans *Bul. Corresp. Afric.*, 1885, pp. 3-4 et 317-26.
—— *Textes berbères dans le dialecte des Beni Menacer* dans *Giornale Soc. Asiat. Ital.*, vol. 6, 1892, pp. 37-84.
Voir également DESTAING, *Dict. fr.-berb.*, 1914 (1.242 notations+3 pour Zakkar), et HANOTEAU, *Grammaire kabyle* (un texte, pp. 345-6).

(j) *Chenoua*
E. LAOUST, *Etude sur le dialecte berbère du Chenoua*, Paris, Leroux, 1912, 197 p.

(k) *Montagne de Blida: B. Salah, B. Messaoud, B. Misra*
Voir DESTAING, *Dict. fr.-berb.*, 1914 (703 notations pour les B. Salah, 586 pour les B. Messaoud, 3 pour les Beni Misra).

E. ALGÉRIE DU NORD (KABYLIE)

(a)
ANDRÉ BASSET et ANDRÉ PICARD, *Eléments de grammaire berbère*, Alger, Typo-litho, 1948, 328 p. (Ait Yiraten, Irjen).
ANDRÉ BASSET, *Etudes de géographie linguistique en Kabylie*, Paris, Leroux, 1929, 100 p.+21 cartes.
—— *Autour de ε en Kabylie, phénomènes secondaires* dans *GLECS*, t. 2, p. 50 (25 mars 1936).
—— *Le nom de l'étable en Kabylie et la flexion du participe* dans *Bul. Soc. Ling. Paris*, t. 39, 1938, pp. 177-8.
G. S. COLIN, *Observations étymologiques sur le vocabulaire kabyle* dans *Mélanges Gaudefroy-Demombynes*, Le Caire, 1935-45, pp. 301-12.
ANDRÉ BASSET et ANDRÉ PICARD, *Sur berbère yir 'mauvais' chez les Irjen* dans *Rev. Africaine*, t. 93, 1949, pp. 291-313.
ANDRÉ PICARD, *Compléments à la toponymie berbère* dans *Onomastica*, juin 1948, pp. 127-32.
Centre d'études berbères de Grande Kabylie, *Fichier de documentation berbère*, depuis avril 1946 (actuellement 36 fasc. de textes recueillis en une quinzaine de points de la Kabylie).
R.P. DALLET, *Trois contes berbères* dans *Ibla*, N° 26, 2ème trim. 1944, pp. 206-9.
BEN SEDIRA, *Cours de langue kabyle*, Alger, Jourdan, 1887, 211+430 p. (nombreux textes).
HANOTEAU, *Poésies populaires de la Kabylie du Djurdjura*, Paris, 1867, 475 p. (Poésies attribuées à une vingtaine de points différents).
CREUSAT, *Essai de Dictionnaire français-kabyle* (*Zouaoua*), Alger, Jourdan, 1873, 374 p.
OLIVIER, *Dictionnaire français-kabyle*, Le Puy, 1878, 316 p.
HUYGHE, *Dictionnaire kabyle-français*, 2ème éd., Paris, 1901, 354 p.

(b) *Ait Khalfoun*
E. BROUSSAIS, *Recherches sur les transformations du berbère* dans *Bul. Corresp. africaine*, 1884, pp. 200-18 et 376-432.

(c) Ait Yiraten: Adni

BOULIFA, *Méthode de langue kabyle, cours de 2ème année*, Alger, Jourdan, 1913, 544 p. (textes et glossaire).
(BOULIFA), *Recueil de compositions*, Alger, Jourdan, 1913, pp. 63–156 (textes).
BOULIFA, *Recueil de poésies kabyles*, Alger, 1904.

(d) Ait Djennad el Bah'ar

MOULIÉRAS, *Les fourberies de Si Djeh'a*, Oran, Perrier, 1891, 95 p. (textes; traduction: Paris, Leroux, 1892).
—— *Légendes et contes merveilleux de la Grande Kabylie*, Paris, Leroux, 2 vol., 1893-8, 484+ 243 p. (textes).

(e) Ait Hichem

G. CHANTRÉAUX, *Le tissage sur métier de haute lice à Ait Hichem et dans le Haut Sebaou* dans *Rev. Africaine* [1942: pp. 261–313 (t. à p. pp. 59–111), glossaire des termes berbères relatifs au tissage et aux travaux de la laine; — quelques indications concernant Ifigha (douar Ait Ghobri), Ait Ikhlef et Iḥittousen (douar Ait Idjer)].

(f) Beni Zikki

LUCIANI, *Chansons kabyles de Smâil Azikkiou*, Alger, Jourdan, 1899, 63 p. (extrait de la *Revue Africaine*).

(g) Région de Bougie

Dictionnaire français-berbère, Paris, 1844, 656 p.
En outre, RENÉ BASSET, *Loqman berbère* (14 textes).

(h) Beni Our'lis

Voir RENÉ BASSET, *Loqman berbère* (4 textes).

(i) Beni Aidel

RENÉ BASSET, *L'insurrection algérienne de 1871 dans les chansons populaires kabyles*, Louvain, Istas, 1892, 60 p. (Takrakra).
Voir également HANOTEAU, *Grammaire kabyle*, Paris, 1858, pp. 301–13.

(j) Beni Âbbas: elguelaâ

LEBLANC DE PRÉBOIS, *Essai de contes kabyles*, 2 fasc., Batna, 1897, 93+47 p.

(k) Cap Aokas

RAHMANI, *Notes ethnographiques et sociologiques sur les Beni Mh'amed du Cap Aokas et les Beni Amrous*, Constantine, Braham, 1933 (quelques textes).
—— *Coutumes kabyles du Cap Aokas*, Alger, 1939 (quelques textes).

F. ALGÉRIE DU NORD (CHAOUIA)

(a)

MASQUERAY, *Voyage dans l'Aouras* dans *Soc. Géographie*, juil. 1876 (pp. 55–56, un texte de Chir).
—— *Comparaison d'un vocabulaire du dialecte des Zenaga avec le vocabulaire correspondant des Chawia et des Beni Mezab* dans *Missions scientifiques*, **5**, 1878, pp. 473–533.
—— *Tradition de l'Aouras oriental* dans *Bul. Corresp. Africaine*, 1885, p. 72 sq.
SIERAKOWSKI, *Das Schaui*, Dresde, 1871, 137 p.
STUMME, *Arabische und berberische Dialekte*, Berlin, 1928 (3 textes, pp. 14–19).
G. MERCIER, *Le nom des plantes en dialecte chaouia de l'Aurès* dans *XIVème Cong. Intern. Orient.*, Alger, 1905, t. **2**, 4ème sect., pp. 79–92.
—— *Étude sur la toponymie berbère de la région de l'Aurès* dans *Actes du XIème Cong. Intern. Orient.*, Paris, 1897, sect. Egypte et langues africaines, pp. 173–207.

HUYGHE, *Dictionnaire français-chaouia*, Alger, Jourdan, 1906, 750 p.
—— *Dictionnaire chaouia, arabe, kabyle et français*, Alger, Jourdan, 1907, 571 p.
Voir également HANOTEAU, *Grammaire kabyle* (texte pp. 355–7) et MATHÉA GAUDRY, *La femme chaouia de l'Aurès*, Paris, Geuthner, 1929, pp. 274–9.

(b) *Région de Barika*

PLAULT, *Etudes berbères, La langue berbère dans la commune mixte de Barika* dans *Rev. Africaine*, 1946, pp. 194–207 (noms des bovins).

(c) *Ait Frah*

ANDRÉ BASSET, *Sur la toponymie berbère et spécialement sur la toponymie chaouia Ait Frah*, dans *Onomastica*, 1948, pp. 123–6.

(d) *Oued Abdi*

Voir RENÉ BASSET, *Loqman berbère* (8 textes).

(e) *Tkout*

G. MERCIER, *Le chaouia de l'Aurès*, Paris, Leroux, 1896, 80 p. (textes des B. B. Sliman).
—— *Cinq textes berbères en dialecte chaouia* dans *Journal asiatique*, 1900, 64 p.

(f) *Arris*

Voir G. MERCIER, *Le chaouia de l'Aurès* (2 textes des Ouled Daoud).

(g) *Ouled Sellem*

A. JOLY, *Le chaouiya des Ouled Sellem* dans *Rev. Africaine*, 1911 (pp. 411–49) et 1912 (pp. 219–66).

(h) *Harakta*

RENÉ BASSET, *Notice sur les dialectes berbères des Harakta et du Djerid tunisien* dans 9ème *Cong. Intern. Orient.*, Londres, 1891, 18 p.
—— *Notes sur le chaouia de la province de Constantine* (Sedrata) dans *Journal Asiatique*, 1896, 36 p.
Voir également RENÉ BASSET, *Loqman berbère* (7 textes).

G. SÉDENTAIRES DU SAHARA ALGÉRIEN

1. Sud Oranais

(a)

RENÉ BASSET, *Notes de lexicographie berbère*, 3ème série, *Dialecte des K'çours oranais et de Figuig* (Bou Semghoun, Figuig, Ain Sfisifa) dans *Journal Asiatique*, 1885, 88 p., — 4ème série, *Vocabulaire du Touat et du Gourara* (Tamentit, Tittaf, Timisakht (?), — Timimoun, Badrian) dans *Journal Asiatique*, 1887, 73 p.

(b) *Figuig*

RENÉ BASSET, *Recueil de textes et de documents relatifs à la philologie berbère* dans *Bul. Corresp. africaine*, 1885, pp. 424–7 (3 textes dont 2 reproduits dans le *Loqman berbère*).
Voir également DESTAING, *Diction. fr.-berb.*, 1914 (17 notations).

(c) *Ain Sfisifa*

RENÉ BASSET, *Recueil de textes . . .*, pp. 411–23 (7 textes).

(d) *Bou Semghoun*

RENÉ BASSET, *Recueil de textes . . .*, pp. 389–411 (9 textes).
Voir également DESTAING, *Dict. fr.-berb.*, 1914 (39 notations).

(e) *Touat: Tamentit*
RENÉ BASSET, *Loqman berbère* (4 textes).
—— *Notes de lexicographie berbère*, 4ème série (texte pp. 68–69).

(f) *Touat: Tittaf*
RENÉ BASSET, *Loqman berbère* (6 textes).
—— *Notes de lexicographie berbère*, 4ème série (texte pp. 69–70).

(g) *Touat: Timisakht (?)*
RENÉ BASSET, *Loqman berbère* (4 textes).
—— *Notes de lexic. berb.* 4ème série (texte pp. 67–68).

(h) *Gourara: Badrian*
RENÉ BASSET, *Loqman berbère* (un texte).
—— *Notes de lexic. berb.*, 4ème série (texte pp. 70–73).

2. *Mzab*
(a)
RENÉ BASSET, *Loqman berbère* (9 textes).
—— *Etude sur la Zenatia du Mzab, de Ouargla et de l'Oued Rir'*, Paris, Leroux, 1893, 274 p. (Ghardaia et Melika); reproduit en outre les vocabulaires de Shaler, pp. 240–3, de Samuda, pp. 244–53, de Hodgson, pp. 254–7, de Duveyrier pp. 261–3, et un texte de Duveyrier, pp. 264–71.
—— *Notes de lexic. berbère*, 4ème série dans *Journal asiatique*, 1887 (pp. 73–78 du t. à p.: argot).
LOUNIS, *Grammaire Mozabite*, Alger, 1897, 67 p.
GOURLIAU, *Grammaire complète de la langue mzabite*, Miliana, 1898, 217 p. (très incomplet et très médiocre).
Voir également HANOTEAU, *Grammaire kabyle* (un texte pp. 347–8); RENÉ BASSET, *Manuel kabyle* (un texte); MASQUERAY, *Comparaison d'un vocabulaire* . . . (F.a).

(b) *Ghardaia*
Centre d'études berbères de Grande Kabylie, *Fichier de documentation berbère* (textes depuis 1946).

(c) *Melika*
Voir RENÉ BASSET, *Loqman berbère* (3 textes) et *Manuel kabyle* (texte pp. 27*–28*).

(d) *Beni Izgen*
MOULIÉRAS, *Les Beni Izgen*, Oran, Fouque, 1895, 78 p.

(e) *Berrian*
BIARNAY, *Notes d'ethnographie et de linguistique nord-africaines*, Paris, 1924 (pp. 165–265: texte et glossaire).

3. *Sud Constantinois*
(a) *Ouargla*
BIARNAY, *Etude sur le dialecte berbère de Ouargla*, Paris, Leroux, 1908, 501 p.
Centre d'études berbères de Grande Kabylie, *Fichier de documentation berbère* (textes depuis 1946).
Voir également RENÉ BASSET, *Etude sur la Zenatia du Mzab* . . ., *Manuel kabyle* (texte p. 30*), et Hanoteau, *Grammaire kabyle* (texte pp. 354–5).

(b) *Oued Righ: Temacin*
Voir RENÉ BASSET, *Etude sur la Zenatia du Mzab* . . . et *Manuel kabyle* (texte p. 29*).

BIBLIOGRAPHIE

H. TUNISIE

(a) Sened

RENÉ BASSET, *Loqman berbère* (2 textes).
—— *Notice sur les dialectes berbères des Harakta et du Djerid tunisien* dans 9ème *Cong. Intern. Orient.*, Londres, 1891, 18 p.
PROVOTELLE, *Etude sur la Tamazir't ou Zenatia de Qalaât es-sened*, Paris, Leroux, 1911, 154 p.

(b) Tamezret

STUMME, *Märchen der Berbern von Tamazratt in Süd-Tunisien*, Leipzig, Hinrich, 1900, 72 p.

(c) Tamezret, Zraoua, Taoujjout

ANDRÉ BASSET, *Un pluriel devenu singulier en berbère* dans *GLECS*, t. 3, p. 19 (23 mars 1938).

(d) Djerba

RENÉ BASSET, *Loqman berbère* (4 textes).
—— *Notes de lexicographie berbère*, 1ère série, dans *Journal asiatique*, 1883, pp. 24-34 du t. à p.
DE CALASSANTI-MOTYLINSKI, *Chanson berbère de Djerba* dans *Bull. de corresp. africaine*, 1885, pp. 461-4.
—— *Dialogue et textes en berbère de Djerba* dans *Journal asiatique*, 1897, 27 p.

I. LIBYE ET EGYPTE

(a)

DE CALASSANTI-MOTYLINSKI, *Le manuscrit arabo-berbère de Zouagha* dans 14ème *Cong. Intern. Orient.*, Alger, 1905, t. 2, 4ème sect., pp. 68-78.
BOSSOUTROT, *Vocabulaire berbère ancien (dialecte du Djebel Nefousa)* dans *Revue Tunisienne*, 1900, 23 p.

(b) Djebel Nefousa

DE CALASSANTI-MOTYLINSKI, *Le Djebel Nefousa*, Paris, Leroux, 1898-9, 156 p.
ANTONIO CESARO, *Due racconti in linguaggio nefûsi* dans *Istituto Univ. Orient. di Napoli, Annali*, nuova serie, vol. 3, *Scritti in onore di Fr. Beguinot*, Napoli, 1949, pp. 395-404.
RENÉ BASSET, *Loqman berbère* (8 textes).

(c) Djebel Nefousa: Fossaṭo

BEGUINOT, *Il berbero nefûsi di Fassâṭo*, Rome, 1931, 314 p.

(d) Djebel Nefousa: Jemmari

BUSELLI, *Berber texts from Jebel Nefusi (žemmari dialect)* dans *Journal of the African Soc.*, vol. 23, n° 112, pp. 285-93.
—— *Testi berberi del Gebel Nefûsa (dialetto di Gemmari)* dans *Africa Italiana*, 1921, 11 p.

(e) Ghadamès

DE CALASSANTI-MOTYLINSKI, *Le dialecte berbère de R'damès*, Paris, Leroux, 1904, 334 p.
ANDRÉ BASSET, *A propos du parler berbère de Ghadamès* dans *Travaux de l'Institut de recherches sahariennes*, t. 3, 1945, pp. 137-40.

(f) Sokna

SARNELLI, *Il dialetto berbero di Sokna*, Naples, 1924-5, 46 p. Extrait de l'*Africa Italiana* (reproduit en outre le vocabulaire de G. F. Lyon).
ANDRÉ BASSET, *Sur une notation berbère de G. F. Lyon* dans *Scritti in onore di F. Beguinot*, Naples, 1949, pp. 379-81.

(g) Aoudjila

FR. MÜLLER, *Vocabulaire du langage des habitants d'Audjelah*, à la suite de Pacho, *Relation d'un voyage dans la Marmarique...*, Paris, 1827, pp. 319-52.

FERNANDO ZANON, *Contributo alla conoscenza linguistico-etnografica dell' oasi di Augila* dans *Africa Italiana*, 1933, pp. 270–6.
VON BEURMANN, *Brief an Professor Fleischer*, dans *ZDMG*, **16**, 1862, pp. 563–5 (10 notations).
BEGUINOT, *Gli studi berberi dal 1919 al maggio 1922* (55 notations).
—— *Sul trattamento delle consonanti b, v, f in berbero*, 1924 (24 notations).
—— *Saggio di fonetica del berbero nefûsi di Fassâṭo*, 1925 (2 notations).
Voir également ci-dessous *h*.

(*h*) *Sioua*

E. LAOUST, *Siwa*, i, Paris, 1932, 314 p. (notes comparatives dans le glossaire).
RENÉ BASSET, *Le dialecte de Siouah*, Paris, Leroux, 1890, 98 p. (reprend les travaux antérieurs).
STANLEY, *The Siwan language and vocabulary* dans *Journal of Afr. Soc.* (avril et) juil. 1912, pp. 438–57.
MUSTAPHA PACHA MAHER, *L'oasis de Siouah* dans *Bul. Soc. Sult. Géog.*, t. **9**, pp. 47–104.
STUMME, *Eine Sammlung über den berberischen Dialekt der Oase Siwe*, dans *Berichte über die Verhandl. der K. Sächs. Gesellsch. der Wissensch. zu Leipzig*, phil.-hist. Kl., Bd. **66**, 1914, pp. 91–109.
W. S. WALKER, *The Siwi Language*, Londres, 1921, 96 p.
BEGUINOT, *Contributi agli studi sui linguaggi viventi dell' Egitto e del Sudan egiziano* dans *L'opera degli Italiani per la conoscenza dell' Egitto...*, Roma, 1925 (Siwa: pp. 4–5 du t. à p.).
ANDRÉ BASSET, *Problème verbal dans le parler berbère de Siwa* dans *Mélanges Maspéro*, t. **3**, Le Caire, 1935, pp. 155–9.
—— *Siwa et Aoudjila, problème verbal berbère* dans *Mélanges Gaudefroy-Demombynes*, Le Caire, 1935–45, pp. 279–300 (avec une bibliographie pour Siwa et Aoudjila).
—— *Siwa, Aoudjila et Imeghran* dans *Annales Inst. Et. Orient. d'Alger*, t. **2**, 1936, pp. 119–27.
—— *De nouveau à propos d'un problème verbal à Siwa* dans *Six notes de linguistique berbère*, p. 24.

J. TOUAREGS

(*a*)

ANDRÉ BASSET, *Note sur les parlers touaregs du Soudan* dans *Bul. Com. Et. Hist. Scient. A.O.F.*, t. **17**, 1934, pp. 496–509 (croquis).
—— *Parlers touaregs du Soudan et du Niger*, ibid., t. **18**, 1935, pp. 336–52 (croquis).

(*b*) *Ahaggar*

LE P. DE FOUCAULD, *Dictionnaire abrégé touareg-français*, 2 vol., Alger, Carbonel, 1918–20, 652 et 791 p.
—— *Dictionnaire abrégé touareg-français des noms propres*, Paris, Larose, 1940, 362 p.
—— *Poésies touarègues*, Paris, Leroux, 2 vol., 1925–30, 658 et 461 p.
—— *Notes pour servir à un essai de grammaire touarègue*, Alger, Carbonel, 1920, 169 p. (inachevé).
—— et A. DE CALASSANTI-MOTYLINSKI, *Textes touaregs en prose*, Alger, Carbonel, 1922, 230 p. (publié, sauf les proverbes et les énigmes, d'après un manuscrit non définitif).
DE CALASSANTI-MOTYLINSKI, *Grammaire, dialogues et dictionnaires touaregs*, t. **1** (seul paru), Alger, Fontana, 1908, 328 p.
à défaut de Foucauld, se servir de :
CID KAOUI, *Dictionnaire français-tamâhaq*, Alger, Jourdan, 1894, 894 p.
—— *Dictionnaire pratique tamâhaq-français*, Alger, Jourdan, 1900, 441 p.
à défaut de Cid Kaoui, se servir de :
MASQUERAY, *Dictionnaire français-touareg (dialecte des Taitoq)*, Paris, Leroux, 1893, 362 p.

HANOTEAU, *Essai de grammaire de la langue tamachek'*, Paris, 1860, 294 p. (seule grammaire touarègue, mais très vieillie).
MASQUERAY, *Observations grammaticales sur la grammaire touarègue et textes de la tamahaq des Taitoq*, Paris, Leroux, 1896–7, 272 p.

G. Marcy, *Observations sur le relatif futur en touareg Ahaggar* dans *Bul. Soc. Ling. Paris*, t. 41, pp. 129-33 (résumé dans *GLECS*, t. 3, pp. 93-94, 22 mai 1940).
Maire, *Etudes sur la flore et la végétation du Sahara central*, Alger, 1933 (pp. 222-63, vocabulaire botanique).
André Basset, *L'œuvre linguistique du P. de Foucauld* dans *Maroc catholique*, 1941, pp. 34-36.
—— *Le P. de Foucauld et les études touarègues* dans les *Cahiers Charles de Foucauld*, vol. 3-4, 1947, pp. 45-56.

(c) *Ajjer*

Appoggi, *Glossario dei nomi e delle terminologi più in uso nei paesi abitati dai touareg degli Azgher*, Tripoli, 1933, 29 p.

(d) *Ghat*

Nehlil, *Etude sur le dialecte de Ghat*, Paris, Leroux, 1909, 215 p.

(e) *Kel Tadili, Kel Ferouan, Kel Geres*

M. P. R. Rodd a publié trois poèmes des Kel Tadili, un des Kel Ferouan et un des Kel Geres dans le *Bull. of the School of Oriental Studies*, Londres, vol. 5, 1926.

(f) *Ioullemmeden*

F. Nicolas, *Les industries de protection chez les twaregs de l'Azawagh* dans *Hespéris*, 1938, pp. 43-84 (éléments de vocabulaire).
—— *Folklore twāreg, poésies et chansons de l'Azāwarh* dans *Bull. Inst. Fr. d'Afrique Noire*, t. 6, 1944, 463 p.

(g) *Touaregs du Niger*

H. Barth, *Reisen und Entdeckungen in Nord- und Central-Afrika in den Jahren 1848 bis 1855*, Gotha, Justus Perthes, 1858, t. 5, pp. 588-718.

K. Zenaga

Faidherbe, *Le Zenaga des tribus sénégalaises*, Paris, 1877, 97 p.
René Basset, *Mission au Sénégal*, I. *Etude sur le dialecte zenaga*, Paris, Leroux, 1909, 279 p.
—— *Loqman berbère*, Paris, 1890 (41 textes).
André Basset, *Note sur les parlers zenaga* dans *Bull. Com. Et. Hist. Scient. A.O.F.*, 1933, pp. 319-20.

III. Ecriture

André Basset, *Ecritures libyque et touarègue* dans *Notices sur les caractères étrangers anciens et modernes... réunies par* Ch. Fossey, nouvelle éd., 1948, pp. 135-43.
G. Marcy, *A propos du déchiffrement des inscriptions tifinâgh* dans *Hespéris*, t. 22, 1936, pp. 94-95 (résumé dans *GLECS*, t. 1, p. 21, 22 fév. 1933).
—— *L'épigraphie berbère numidique et saharienne* dans *Annales Inst. Et. Orient. Alger*, t. 2, 1936, pp. 128-64.
—— *Etude des documents épigraphiques recueillis par M. M. Reygasse...* dans *Rev. Africaine*, 1937, pp. 27-62.
—— *Introduction à un déchiffrement méthodique des inscriptions tifinâgh du Sahara central* dans *Hespéris*, 1937, pp. 89-118.
—— *Inscriptions tifinâgh anciennes recueillies par M. Th. Monod au Sahara occidental* dans Th. Monod, *Contribution à l'étude du Sahara occidental*, fasc. I, *Gravures, peintures et inscriptions rupestres*, Paris, Larose, 1938, pp. 97-108.
F. Beguinot, *Studi linguistici nel Fezzan* dans *Bol. R. Soc. Geogr. Ital.*, série 6, vol. 12, 1935, pp. 660-5.
——*I linguaggi* dans *Fezzan e oase di Gat*, 1937, pp. 493-513.
——*Le iscrizioni berbere del sahara* dans *La rivista d'Oriente*, 1935, pp. 59-62.

IV. Libyque, Guanche et Comparatisme

(a) Libyque

Chabot, *Corpus des inscriptions libyques*, Paris, Imprimerie Nationale, 1940-1, 248 p. (riche bibliographie récente).

G. Marcy, *La pierre écrite d'Ain Jma'a* dans *Bul. Soc. Préhist. Maroc*, 1932, pp. 14-22.

—— *Les inscriptions libyques bilingues de l'Afrique du nord* dans *Cahiers de la Soc. Asiatique*, n° 5, Paris, Geuthner, 1936, 191 p.

—— *L'inscription libyque bilingue de Lalla Maghnia* dans *Actes 2ème Cong. Féd. Soc. Sav. Afr. nord*, Tlemcen, 1936, t. **3**, pp. 453-64.

—— *Quelques inscriptions libyques de Tunisie*, dans *Hespéris*, 1938, pp. 289-365.

—— *Au sujet d'une inscription libyque du musée d'Alger* dans *Revue Africaine*, 1941, pp. 258-9.

(b)

F. Beguinot, *Di alcuni iscrizioni in caratteri latini e in lingua sconosciuta, trovate in Tripolitania* dans *Rivista degli studi orientali*, vol. **24**, pp. 14-19.

(c) Guanche

P. Barker-Webb et Sabin Berthelot, *Histoire naturelle des îles Canaries*, t. **1**, 1842, pp. 179-235 (vieilli).

Wölfel, Torriani, *Die kanarischen Inseln und ihre Urbewohner*, Anhang 2, *Torriani und die Sprache der Kanaren*, Leipzig, 1940, pp. 244-303.

—— *Monumenta linguae Canariae* (sous presse).

G. Marcy, *El apostrofe dirigido por Iballa en lengua guanche a Hernán Peraza* dans *El Museo Canario*, 1934, pp. 1-14.

(d) Comparatisme

Brockelmann, *Gibt es einen hamitischen Sprachstamm?* dans *Anthropos*, t. **27**, pp. 797-818.

F. Beguinot, *L'unità linguistica semito-chamitica* dans *Atti dell' VIII convegno: l'Africa*, Rome, 1938, 6 p.

M. Cohen, *Essai comparatif sur le vocabulaire et la phonétique du chamito-sémitique*, Paris, Champion, 1947, 248 p. (bibliographie).

André Basset, *Etymologies berbères* dans *GLECS*, t. **4**, pp. 79-80 (25 fév. 48).

For Product Safety Concerns and Information please contact our EU
representative GPSR@taylorandfrancis.com
Taylor & Francis Verlag GmbH, Kaufingerstraße 24, 80331 München, Germany

www.ingramcontent.com/pod-product-compliance
Lightning Source LLC
Chambersburg PA
CBHW052135300426
44116CB00010B/1914